당신의 조용한 아픔에도 귀 기울입니다.
'토닥토닥'

.... 님께

.... 드림

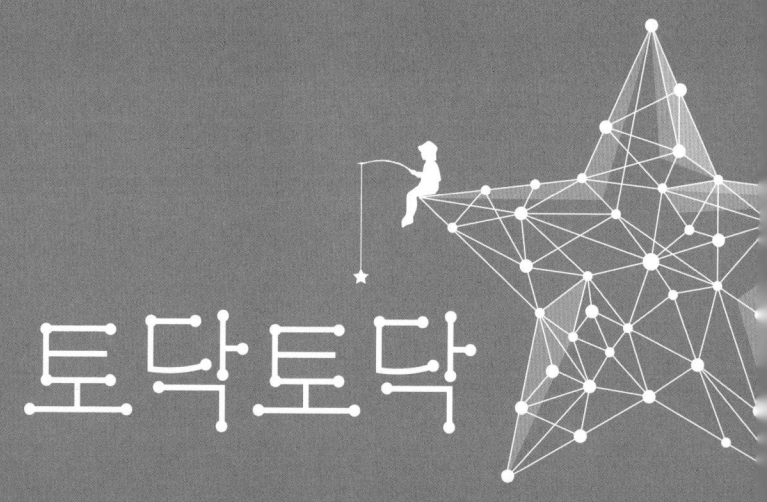

토닥토닥

"말보단 공감이 필요한 우리"

토닥토닥

은파랑 콘텐츠 에세이

 **프롤로그**

토닥토닥, 말없이도 전해지는 마음

살다 보면 맘이 무거운 날이 있습니다. 익숙하던 말에 상처받고 별일 아닌 상황에 속이 '쿵' 내려앉습니다. "괜찮아?"라는 말조차 버거울 때도 있습니다. 그럴 땐 말보다 손길이 위로됩니다. 등을 두드려주는 손, 옆에 있어 주는 존재, 침묵 속에 담긴 마음이 때론 울림을 줍니다. 하루가 너무 조용해서 외롭거나, 너무 시끄러워 지칠 땐 특별한 얘기를 하지 않아도 괜찮습니다. 이 책이 그런 하루를 견디는 데 도움이 되었으면 합니다.

누구나 그런 순간이 있습니다. 잘 살고 있음에도 뒤처지는 기분이 들고, 하루를 잘 버텨냈는데도 내가 무가치하게 느껴지는 날. 하지만 그런 하루도 의미가 있습니다.

어쩌면 아무 일도 없던 날이 가장 무사한 날이었다는 걸 우리는 조금 늦게 깨닫습니다. 당신의 마음을 내려놓고, 책장을 넘길 수 있다면 그걸로 충분합니다.
누군가의 말 한마디조차 부담스러울 때
쉼표처럼 곁에 머물길 바랍니다.

2025년 여름을 보내며 은파랑

 차례

프롤로그　　　　　　　　　　　　　　8

1장 ★ 마음이 푹 꺼지는 날엔

자신과 연애하듯 살아라　　　　　　16
너는 너이기 때문에　　　　　　　　18
나비를 쫓는 마음에서 금을 캐는 삶으로　20
그러니 용서하자　　　　　　　　　22
함께 있지만, 자유롭게　　　　　　　24
말의 씨앗　　　　　　　　　　　　26
나는 나로서 충분하다　　　　　　　28
당신의 오월은 오고 있다　　　　　　30
완벽한 사랑　　　　　　　　　　　32
진정한 행복　　　　　　　　　　　34

2장 ★ 괜찮아, 천천히 가도 돼

고요 속에서 피어나는 것　　　　　　38
꽃향기를 맡는 시간　　　　　　　　40
과거의 나를 깨고　　　　　　　　　42
참견의 바람　　　　　　　　　　　44
길 위에서 만난 나　　　　　　　　　46
자신을 놓아주는 일　　　　　　　　48
조금 흔들려도 괜찮아　　　　　　　50
사랑은 함께 울어주는 일　　　　　　52
사랑은 조용히 스며든다　　　　　　54
나를 위한 친절　　　　　　　　　　56

3장 ★ 작은 웃음 하나면 충분해

기분 좋은 시간	60	열정이 피어난 자리	70
행복이 먼저다	62	마음을 붙잡는 법	74
모든 날씨는 아름답다	64	삶은 자석과 같다	76
무조건 웃어야 한다	66	생각은 창문이다	78
칠십 년이 걸린 사랑	68	일체유심조	80

4장 ★ 말없이 곁에 있어 줄게요

괜찮아	84	거울 앞에 선 나	96
부메랑의 법칙	86	사랑의 결핍	98
세 가지 질문	88	가슴안의 작은 소란	102
한 걸음 앞선 위대함	91	우리의 착각	104
사랑하는 사람은 발전한다	93	차 한 잔의 진심	106

5장 ★ 마음에도 휴일이 필요해

변화는 믿음에서 시작된다	110	사람됨	120
시크릿	112	이별의 흔적	122
사색의 힘	114	지금, 성숙해지는 중	124
고독의 위대함	116	하루라는 이름의 별	126
넥타이를 자르는 사람	118	나의 변화	128

6장 ★ 혼자여도 외롭지 않게

중독이라는 이름의 습관　　　　132
움직이지 않는 돌　　　　　　　134
감정의 문을 여는 손잡이　　　　136
먼 별을 향해 걷는 법　　　　　138
성공의 첫 조각　　　　　　　　140
발소리　　　　　　　　　　　　142
즐기는 자　　　　　　　　　　144
당신의 각오　　　　　　　　　146
성장은 재능을 이긴다　　　　　148
어제 맨 끈　　　　　　　　　　150

7장 ★ 기분이 구겨진 날엔

따뜻한 밥　　　　　　　　　　154
망설임　　　　　　　　　　　　156
개미의 의지　　　　　　　　　158
반짝이는 눈을 가진 사람　　　　160
물러서지 말자　　　　　　　　162
덥석, 운명　　　　　　　　　　164
떨어지지 않은 사과　　　　　　168
재물의 지혜　　　　　　　　　170
믿지 못하는 자의 슬픔　　　　　172
한 명의 거부와 오백 명의 빈자　174

8장 ★ 슬픔도 데워지면 따뜻해져

몸은 혼자 것이 아니다　178	몸을 움직이겠다　188
책에서 시작된 기적　180	모든 것을 걸어라　190
21일　182	악전고투　192
시간의 보복　184	천재라는 이름의 땀　194
물의 지혜　186	아침은 언제나 느슨하다　196

9장 ★ 눈물이 날 것 같을 땐

작은 모서리의 부딪힘　200	한 자루의 촛불　210
귀로 설득하는 법　202	진심이 만들어낸 울림　212
다정함에 대한 착각　204	처음부터 다시 시작한 길　214
설득의 두 가지　206	가슴에 켜진 불　216
되로 주고, 말로 받기　208	조금의 시간이 필요할 뿐　218

10장 ★ 아무 일도 없는 날의 위로

어둠이 마음을 지날 때　222	상상이 꽃이다　234
오늘도 나답게 살았구나　226	습관이 당신이다　236
말보다 깊은 침묵　228	고통은 심심풀이 껌　238
권태라는 그림자　230	감정의 칼끝　242
보이지 않는 길의 노래　232	기다려주지 않는 시간　244

에필로그　246

1장 ★ 마음이 푹 꺼지는 날엔

어느 날은 마음이 풍선처럼 꺼집니다.
바늘로 찌른 것 같진 않은데 기운이 빠지고, 감정은 흐물흐물 흘러내립니다. 별일 아닌 일에 주저앉고, 아무것도 아닌 말에 마음이 무너집니다. 이럴 땐 괜찮냐고 묻지 않아도 됩니다. 조용히 이불을 덮고, 좋아하는 노래 한 곡 틀고, 따뜻한 물을 컵에 가득 채워 마셔보세요.

힘내지 않아도 됩니다.
괜찮은 척하지 않아도 됩니다.
마음이 푹 꺼지는 날엔 그냥 있어도 괜찮습니다.
당신 마음도 다시 살랑살랑 바람을 품을 테니까요.

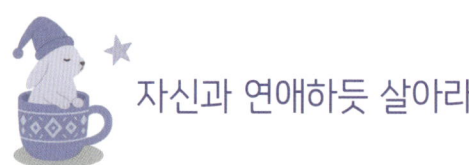
자신과 연애하듯 살아라

"자신과 연애하듯 살아라."
캐나다 작가 젤린스키 Ernie J. Zelinski, 1949 生의 말씀이다.

세상은 끊임없이 속삭인다.
"조금 더 잘하라. 조금 더 다듬어라. 조금 더 남들처럼 살아가라."

끝없이 들려오는 외침 속에서 가끔 길을 잃는다. 하지만 진정한 목소리는 내 안 깊은 곳, 아무도 닿을 수 없는 작은 정원에서 들린다.

내면의 목소리는 말한다.
"괜찮아. 지금 너로도 충분해. 넘치지도, 모자라지도 않아.
넌, 너라는 이유로 지금 빛나고 있어."

자부심이란 남이 건네는 박수갈채가 아니다. 그건 자신에게 건
네는 은은한 미소다. 세상이 잠든 한밤중, 불을 끄기 전 나에게
건네는 친절한 속삭임이다. 남들이 뭐라 하든, 색안경으로 보
든, 그건 그들의 조각난 얘기일 뿐이다. 당신은 타인의 심판대
에 올라서기 위해 태어난 것이 아니다. 당신만의 세계를 여행
하는 유일한 순례자다.

그러니 무엇보다 "나를 사랑하라."

실패를 거듭한 날도, 불안에 떨었던 밤도 혼자 견디며 쌓아 올
린 모든 나날을 사랑하라. 한때 미워했던 흔적마저, 부끄러워
숨기고 싶었던 상처마저 끌어안아 주라. 그런 모든 것이 모여
지금 당신을 이룬 것이기에 산다는 건 나와 평생 사랑에 빠지
는 일이다. 첫 만남의 어색함, 오해로 가득한 다툼도 더 깊은 이
해와 온기로 변해가는 과정이다.

오늘 거울 앞에 서서, 수줍은 연인처럼 나에게 속삭여라.
"나는 나를 사랑해. 다른 누구도 아닌 스스로, 나를"

그런 사랑은 폭풍에도 꺼지지 않을 등불이 되고, 상처에도 무
너지지 않을 성벽 城壁이 될 것이다. 나를 사랑하는 사람에게는
세상조차 함부로 손댈 수 없다. 그것이야말로 누구도 빼앗을
수 없는 깊고 찬란한 사랑이다.

 ## 너는 너이기 때문에

미국 목사 루케이도 Max Lucado, 1955 生의 어록이다.
"너는 너이기 때문에 특별하다. 특별함에는 어떤 자격도 필요 없다. 너라는 이유만으로 충분하다."

누군가 말했다.
"나는 평범해요. 특별한 것도 없고 남들보다 나은 점도 없어요."

그 말이 마음에 오래 남았다. 왜 우리는 남과 비교하며 나를 '특별하지 않다'라고 믿는 걸까. 존재만으로는 사랑받을 자격이 없다고 생각하는 걸까. 그때 루케이도의 말이 조용히 다가왔다.
"너는 너이기 때문에 특별하다."

한 줄의 문장이었지만 상처에 바른 따뜻한 연고처럼 마음에 스며들었다. 특별함은 누군가의 인정이 아니다. '너'라는 이유만으로 세상 하나의 존재로 빛나는 것이다.

꽃은 꽃이어서 아름답듯, 별은 별이어서 빛나듯
"너도 너이기에 소중하다."

지금 '나는 충분하지 않아'라고 느끼고 있다면 이 말을 기억하라.
"너는 너이기 때문에 특별하다."

아무것도 더하지 않아도, 아무것도 빼지 않아도 그대로 충분하다. 세상이 아무 말도 해주지 않을 때도, 거울 속 나조차 고개를 떨굴 때도 스스로에게 속삭이라.
"나는 나로서 괜찮아."

그리고 마음이 따뜻해진다면
당신은 이미 특별함을 살아내는 중이다.

 ## 나비를 쫓는 마음에서 금을 캐는 삶으로

미국 심리학자 마스든 William Moulton Marston, 1893 生이 말했다.
"당신이 원하는 바를 깨달아라. 그때부터 당신은 나비를 쫓는 일을 그만두고, 금을 캐러 다닐 것이다."

조용하지만, 삶 전체를 바꾸는 힘을 지닌 문장이다.

"우리는 얼마나 오랫동안 화려한 것을 좇으며 하루를 보냈나?"

누구의 인정을 받기 위해, 세상이 좋아하는 것을 소유하기 위해, 어쩌면 내가 원하는 것이 무엇인지 모른 채, 나비처럼 반짝이는 것을 따라 허공을 헤맸다. 하지만 나비는 잡히지 않았다. 손끝에 닿는 순간 아름다움은 사라지고 허무만 남았다.

그러다 문득 내면에서 울리는 목소리를 듣게 되었다.
"나는 무엇을 위해 길을 걷고 있는가?"

질문 앞에서 우리는 깊이 있게 내면으로 내려간다. 화려한 껍데기보다 본질을 찾기 시작한다. 그리고 깨닫는다.
"진정 원하는 것은 멀리 있는 것이 아니라 마음 안에서 조용히 기다리고 있었다."

그때부터 삶은 달라진다. 허상을 좇는 것이 아니라 가치를 캐는 길이 시작된다. 땀과 시간, 집중이 필요한 길이지만 깊은 만족과 의미가 있다.

나비를 좇는 삶은 바쁘지만 공허하고
금을 캐는 삶은 조용하지만 단단하다.

진정 원하는 것을 알게 되는 순간 삶은 방향을 틀고, 표류가 아닌 항해를 시작한다. 멈춰 서서 자문해 보자.
"나는 지금 나비를 좇고 있는가? 아니면 금을 캐고 있는가?"

마음 깊이 원하는 것을 안다면 세상은 더 이상 미로가 아니다. 당신만의 광맥 鑛脈은 이미 내면에 존재하고 있다.

그러니 용서하자

용서란 가볍고 쉬운 일이 아니다.
그건 가슴 깊은 곳, 어두운 방 안 먼지를 털어내는 일 같다.
오랫동안 잠겨 있던 문을 다시 여는 고요한 반란 같다.

미국 윤리학 교수 스메데스 Lewis Benedictus Smedes, 1921 生은 말했다.
"진정으로 용서하면 포로에게 자유를 주게 된다. 그러고 나면 우리가 풀어준 포로가 나 자신이었음을 깨닫게 된다."

누군가에게 받은 상처를 간직한 채 살아간다. 아무렇지 않은 듯 웃고 말하지만, 그날의 말, 시선, 침묵은 심장 한쪽을 쥐고 놓아주지 않는다. 그렇게 누군가를 미워하면, 미움이 나를 옥죈다는 사실은 모른 채 살아간다.

그러니 용서하자. 그 사람을 위해서가 아니라, 죄를 덮어주려는 것이 아니라 내 마음이 숨 쉴 수 있도록, 굳어 있던 내 영혼이 다시 흐를 수 있도록 용서하자.

용서란 분노의 칼날을 내리는 일이다. 그건 피 흘린 기억을 덮는 것이 아니라 피 위에 꽃을 피우는 일이다. 상처는 상처대로 존재하게 두고 그 위에 사랑을 심는 것이다. 이해하지 못해도 좋다. 받아들이지 못한 채 용서해도 괜찮다. 더 이상 어두운 감정이 내 삶의 방향키를 잡지 않도록 하겠다는 다짐이면 충분하다. 그러면 더 이상 아프지 않음을 느낄 것이다. 그리고 내가 놓아준 포로는 그 사람이 아니라 자신이었다는 것을 알게 될 것이다.

그러니 당신의 마음에 속삭여라.
"이제 너를 자유롭게 하련다. 아팠으니 미워했지, 힘들었지. 하지만 이제 모든 것을 떠나보내고, 나를 사랑하련다."

용서란 잊는 일이 아니라
끝끝내 사랑하려는 깊은 용기다.

# 함께 있지만, 자유롭게

사랑하는 이여 우리는 함께 있을 것이다. 하지만 서로를 붙들지는 말자. 당신과 나는 바람 사이를 걷는 별 같아야 한다. 가까이 빛을 나누되 서로의 궤도를 침범하지 않는 별처럼 살아야 한다.

레바논 작가 지브란 Khalil Gibran, 1883 生은 말했다.
"함께 있되 거리를 두라. 그래서 하늘 바람이 너희 사이에서 춤추게 하라."

당신이 있는 곳과 내가 있는 곳 사이에는 하늘 바람이 지나야 한다. 바람이 우리 사이를 맴돌며 서로를 비추게 해야 한다. 우리는 사랑하되 사랑으로 구속하지 말자. 손을 잡되 상처처럼 쥐어짜지 말자.

내 가슴을 당신에게 주더라도 당신 품속에 영원히 묶어 두려 하지 말고, 당신도 나에게 당신 모두를 내주려 애쓰지 말자. 우리는 서로를 채우는 샘물이 아니라 서로를 비추는 거울이어야 한다. 함께 서 있되 너무 가까이 서지 말자. 사원의 기둥들도 서로 떨어져 있기에 거대한 천정을 받칠 수 있다. 참나무와 삼나무도 서로의 그늘에서가 햇살을 받으며 뿌리를 내리고 자란다. 사랑은 소유하는 것이 아니라 존중하는 것이다.

그리움은 사랑을 더 빛나게 하고
거리감은 사랑을 더 깊게 만든다.

때론 침묵 속에서, 먼 시선 속에서 더 깊이 서로를 이해할 것이다. 내가 당신을 사랑한다는 것은 당신이 자신 自身으로 있을 수 있게 하는 일이다. 당신이 내게 자유로이 다가올 수 있게, 언제나 열린 문 門이 돼주는 일이다.

그러니 우리 사이에 바람을 두자. 빛을 두자. 고요히 춤추는 하늘을 두자. 서로의 울타리가 아니라 하늘이 되어주자. 그래야 사랑은 시들지 않고, 영혼은 더 넓은 들판을 향해 걸어갈 수 있다.

# 말의 씨앗

아메리카 인디언들은 말했다.
"어떤 말을 만 번 이상 하면 미래에 그 일이 이뤄진다."

말은 흩어지는 소리가 아니라 마음에 피는 씨앗이다. 오늘 뿌린 말이 내일 현실이 되어 돌아온다. 그래서 누군가는 불안할 때마다 "나는 안 될 거야"를 되뇌었고, 그 말은 벽이 되어 그를 가두었다. 반대로 누군가는 "나는 할 수 있어"를 만 번 반복하고, 믿음이 날개가 되어 하늘을 날았다.

입술에서 흘러나온 말은 마음에 흔적을 남기고, 마음은 행동을 만들며 행동이 운명을 이룬다. 그러니 오늘, 이렇게 말하자.

"나는 괜찮아."
"나는 충분해."
"나는 해낼 수 있어."

그 말을 오늘 백 번, 내일 천 번, 언젠가 만 번을 채우면 말은 더 이상 말이 아닌 현실이 되어 눈앞에 나타날 것이다. 말의 씨앗을 잘 고르자. 그것은 내가 피워낼 내일의 꽃이다.

# 나는 나로서 충분하다

"나만의 원칙을 살아라."
프랑스 철학자 몽테뉴 Michel de Montaigne, 1533 生이 말했다.

세상은 수많은 소리로 가득하다.

"이 길로 가야 한다. 저 길은 위험하다."
"높은 곳을 향하라. 조심스레 머리를 숙여라."

수만의 목소리가 하루에도 몇 번씩 우리를 흔든다. 하지만 중요한 건 이런 소음 너머 울리는 내 목소리를 듣는 것이다.

몽테뉴는 말했다.
"나는 어떤 규칙보다 내 원칙을 존중한다."

삶은 누군가 짜놓은 각본 脚本이 아니다. 삶은 내가 써 내려가야 할 서툰 시 詩며 조심스레 빚어야 할 하나뿐인 도자기다. 남이 내려준 성공의 정의, 누군가 강요한 행복의 모양. 이런 것은 남의 옷이라, 막상 입어보면 헐겁거나 숨이 막힌다. 몸에 맞지 않다. 그러니 내 기준을 세워야 한다. 비바람 속에서도 꺼지지 않을 등불처럼, 흔들리는 세상 속에서도 나만의 북극성을 귀하게 여겨야 한다.

내가 사랑하는 것은 무엇인가?
지키고 싶은 것은 무엇인가?
끝내 포기할 수 없는 것은 무엇인가?

세 가지 질문에 정직하게 답할 수 있을 때 누군가의 삶이 아닌 내 인생을 살기 시작한다. 나의 원칙을 존중하는 자는 남들이 환호할 때 흔들리지 않고, 손가락질을 받을 때도 주저앉지 않는다. 그의 걸음은 느릴지라도 단단하고, 침묵은 세상의 외침보다 강하다. 자신의 길을 걷는 것은 외로운 일이다. 하지만 외로움 끝에 마주하는 자유 自由는 어떤 영광보다 눈부시다. 그러니 당신 삶의 기준을 스스로 정하라. 누구의 흉내도 아닌, 명령도 아닌 나만의 손끝으로 인생을 빚어라. 그리고 그 위에 한 줄을 새겨 넣어라.

"나는 나로서 충분하다."

# 당신의 오월은 오고 있다

겨울은 때론 너무 길게 느껴진다. 차가운 바람은 마음 깊은 곳까지 스며들고, 어둠은 새벽보다 더 짙게 눌러앉는다. 그래서 이렇게 생각하게 된다.

"과연 봄은 오는 걸까?"
"언제쯤 따뜻해질 수 있을까?"

미국 정치인 볼런드 Edward Patrick Boland, 1911 生은 말한다.
"영원히 계속되는 겨울은 없고 자기 차례에서 빠지는 봄도 없다. 오월은 반드시 사월 다음에 와야만 한다."

이 말은 계절의 순리 順理를 넘어 삶의 리듬에 대한 믿음을 건넨다.

어떤 기다림도 헛되지 않으며 지금 겪는 추위 역시 다가올 따뜻함을 위한 준비라는 것이다.

모든 계절에는 이유가 있다. 사월이 있었기에 오월의 꽃이 더 찬란하고 겨울을 지나왔기에 봄 햇살 한 줄기가 반가운 것이다. 삶도 그렇다. 오늘이 힘들어도, 제 자리에 멈춰 선 것 같아도 우리 안에서 무언가는 끊임없이 자라고 있다. 눈에 보이지 않을 뿐이다.

때론 나만 뒤처진 것 같고, 나만 제자리 같은 날도 있다. 하지만 세상은 공평하게 움직인다. 봄은 모두에게 도착하고, 오월은 약속처럼 사월을 지나 도착한다. 지금은 기다림의 시간일 뿐이다. 오월은 결국 온다. 꽃이 피고 나뭇잎은 흔들리며 "기다려줘서 고마워"라고 말하는 순간이 온다. 그때가 되면 지금의 침묵조차 고마운 기억이 될 것이다.

당신의 때는 오고 있다. 누구보다 간절하게 기다린 당신에게 삶은 따뜻한 계절을 허락할 것이다. 그러니 오늘이 사월이라면 잠시만 더 버텨보자. 당신의 오월은 지금 다음을 향해 오고 있다.

완벽한 사랑

세상에 완벽한 남자는 없다. 누구보다 성실하고 듬직해 보여도 그의 어깨에도 보이지 않는 상처와 약함이 있다. 세상에 완벽한 여자도 없다. 아무리 아름답고 지혜로워 보여도 그녀의 미소 뒤에는 누구에게도 말하지 못한 불안과 외로움이 숨어 있다. 하지만 신기하게도 불완전함이 만나면 놀라운 조화를 만들어낸다. 모자란 두 사람이 서로의 모서리를 맞추어 가며 하나의 둥근 원을 이루듯 부족한 부분을 채워가며 사랑을 완성해 간다.

사랑이란 서로의 부족함을 감싸안는 일이다. 그가 서툴러도 그녀는 웃으며 기다려주고, 그녀가 지쳐 있을 땐 그는 말없이 손을 내민다. 사랑은 손에 손을 잡고 함께 넘어지는 것이며 다시 일어날 때 서로의 등을 토닥이는 일이다.

이해하지 못해 다투기도 하고 멀어지기도 한다. 하지만 다시 돌아오는 길 위에서 그들은 알게 된다. 내가 없는 너는 허전하고 네가 없는 나는 불안하다는 것을

완벽한 사람을 만나려고 하는 게 아니라
함께 걷고 싶은 사람을 선택하는 것
그것이 사랑이라는 걸

우리는 서로의 불완전함 속에서 인간다움을 본다. 상처받은 마음이 서로를 비추며 사랑은 틈 사이로 스며든다. 때론 눈물이 꽃이 되고 침묵이 노래가 되며 그 속에서 세상 어디에도 없는 하나의 사랑이 피어난다.

"완벽한 사랑은 완벽한 사람들 사이에서 피어나는 것이 아니라 불완전한 두 사람이 서로를 완성해 가는 과정에서 자라난다."

작은 진리를 마음에 품고, 오늘도 사랑을 배운다.
조금씩 하지만 분명히

 ## 진정한 행복

누군가 옆에 있어야만 웃을 수 있는 사람은 웃음을 타인의 온도에 기대어 만든 것이다. 누군가의 손을 붙잡지 않으면 무너지는 마음이라면 그건 사랑이 아니라 두려움이 만든 허상일지도 모른다.

사람들은 쓸쓸한 밤마다 자신을 구원해 줄 누군가를 찾는다. 말없이 등을 토닥여주고 공허를 채워줄 사람을 구한다. 그런 사람이 어딘가에 있을 것처럼 기대하며 살아간다. 하지만 그런 사람은 없다. 그림자처럼 항상 함께할 것 같던 존재도 언젠가는 다른 빛을 따라 떠나가고, 그 자리에 남는 건 자신뿐이다.

행복이란 누군가에 의해 증명되어야만 하는 것이 아니다.

혼자서도 괜찮다고 말할 수 있을 때, 누군가와 함께일 때도 따스함을 느낄 때 진짜 기쁨을 느낀다. 자신의 고요를 견디지 못하고 타인의 목소리에 의지한다면 목소리가 사라진 뒤 남는 침묵은 더 큰 고통이 된다. 진정한 행복은 군중 속에서 웃는 얼굴이 아니라 혼자 있는 방 안의 고독 속에서도 편안할 수 있는 상태다.

해 질 무렵 창가에 앉아 차 한 잔을 마시며
아무에게도 기대지 않고도 평온할 수 있는 마음
그것이야말로 삶이 주는 가장 단단한 선물이다.

누구에게도 기대지 말고, 자신의 그림자를 끌어안으며 걸어라. 행복은 멀리 있는 것이 아니다. 지금, 이 순간 당신이 숨 쉬고 있다는 자체로 아름답다.

스스로 행복하라. 누구도 당신의 삶을 대신 살아줄 수 없고 당신의 고요를 대신 느껴줄 수 없으며 당신의 외로움을 대신 품어줄 수 없다. 그러니 조용히 하지만 단단히 내 안에 뿌리를 내리는 사람이 돼라. 혼자서도 피어나는 꽃은 누군가의 눈길 없이도 진실한 향기를 뿜는다.

2장 ★ 괜찮아, 천천히 가도 돼

누군가는 저만치 앞서가고, 누군가는 능숙하게 방향을 바꿉니다. 나는 아직 길의 이름도 모르는데 세상은 "빨리, 더 빨리"라고 재촉합니다. 문득 구겨진 하루 끝에 핀 노을이 예뻐 보였습니다. 서두르지 않았기에 만날 수 있었던 풍경. 길은 도망가지 않습니다. 당신을 기다릴 줄 압니다.

오늘은 잠깐 쉬어가도 좋아요.
한 걸음 한 걸음 천천히 가도 괜찮습니다.
지금 속도로도 봄은 피고, 별은 뜨며
당신은 자라고 있을 테니까요.

 # 고요 속에서 피어나는 것

바람이 거칠게 몰아칠 때 나뭇잎은 더 요란스레 떨린다. 하지만 요동치는 순간에도 거대한 나무뿌리는 땅속 깊은 곳에서 한 치도 흔들리지 않는다.

일본 철학자 기타로 Nishida Kitarō 는 말했다.
"성급함에는 오류가 포함되어 있다. 어려운 상황일수록 침착하라."

삶은 우리를 몰아세운다.
갑작스러운 비보, 억울한 오해, 눈앞이 캄캄해지는 실패.

그럴 때 본능적으로 몸부림친다. 급히 대답하고 결단하고 길을 바꾸려 한다. 하지만 조급함은 탁한 물속에서 발을 더 세게 굴러 진흙을 일으키는 것과 같다.

우리는 탁류 속에서 아무것도 볼 수 없다.

니시다는 속삭인다.
"혼란을 뚫고 나가려거든 발걸음을 멈추라"
"침묵 속에서 진흙이 가라앉기를 기다리라."
"그래야 비로소 물 아래 숨어 있던 진실의 돌을 볼 수 있다."

어려울수록 서둘지 말 것, 불확실할수록 멈출 것
분노가 치밀 때일수록 침묵할 것

급히 내뱉은 말은 독이 되어 돌아오고 급히 내린 결론은 돌이 킬 수 없는 상처를 남긴다. 성급한 손길로 꺾인 꽃은 다시 피어 나지 않는다. 하지만 고요히 기다린 이에게는 새벽빛처럼 다가 오는 진실이 있다.

삶은 속도를 겨루는 경주가 아니다. 누가 가장 먼저 도착하는 가가 아니라 누가 아름답게 걷는가를 묻는 여정이다. 그러니 두렵지 말고, 고요하라. 세상이 몰아쳐도 가슴 속에 조용히 깃 든 샘물처럼 침착 沈着하라.

모든 것을 망치는 것은 순간이지만 모든 것을 지키는 것도 순 간이다. 침착함이란 삶이 던지는 질문 앞에서 흔들리지 않는 깊은 숨이다. 숨결 끝에서야 비로소 원하는 삶을 만난다.

꽃향기를 맡는 시간

열심히 일하는 것은 중요한 일이다. 하루를 계획하고 목표를 세우고 맡은 일을 성실히 해내는 자세는 삶을 단단하게 만든다. 사람들은 그런 태도를 '성공의 조건'이라 부른다. 하지만 인생은 앞으로만 나가는 경주가 아니다. 길 위에는 멈춰야만 보이는 풍경이 있고 풍경 속에 바쁘게 사는 동안 놓쳐버린 중요한 감정이 숨어 있다.

"사는 동안 길을 걷다 가끔 꽃향기를 맡아보는 것도 잊지 마라."

문장은 단순하지만 깊다. 쉼 없이 달리는 삶 속에서 문득 멈춰 향기를 맡는 순간이 얼마나 소중한지 일깨운다.

꽃은 누군가의 시선을 의식하지 않는다.
제때 피어나고, 제자리에서 향기를 뿜는다.
그리고 향기는 멈춰 선 사람에게만 도착한다.

휴식은 선택이 아니라 필요다. 몸이 먼저 말을 걸기 전에, 마음이 더 버티지 못하기 전에 나를 위한 휴식 시간을 만들어야 한다. 휴식은 일의 능률을 올리기 위한 수단이 아니라 자신을 존중하는 태도에서 비롯된다.

많은 사람이 바쁨을 자랑처럼 여긴다. 하지만 인생의 깊이는 바쁨에서 오지 않는다. 깊게 숨을 들이마시고 조용히 꽃향기를 맡을 수 있는 여유에서 온다. 여유 속에 생각이 머물고, 감정이 깃든다. 그때 삶은 더 부드러워지고, 사람은 더 따뜻해진다. 오늘 하루가 고단했다면 내일은 잠시 멈춰보는 하루가 돼도 좋다. 어디선가 피어나는 작은 꽃 하나가 조용한 위로가 돼 줄지 모른다. 삶은 전진만을 요구하지 않는다. 멈춤과 쉼 역시 삶의 일부다.

꽃향기를 맡는 일처럼
작지만 중요한 일이 삶을 다시 살아가게 만든다.

 ## 과거의 나를 깨고

"새는 알을 깨고 태어난다. 알은 곧 세계다. 태어나려는 자는 하나의 세계를 파괴하지 않으면 안 된다."
독일계 스위스인 작가 헤세 Hermann Karl Hesse, 1877 生의 어록이다.

누구나 알 속에서 시작한다. 따뜻하고 안전하지만 좁고 숨 막히는 세계. 그 안에서는 상처받을 일이 없지만 진짜 나로 살아갈 수도 없다. 우리의 내면에는 눈에 보이지 않는 껍질이 있다.

과거의 상처, 남들의 기대, 스스로 정해놓은 한계

모든 것이 나를 가두는 투명 벽이 되어 가능성의 날갯짓을 막는다. 하지만 어느 순간 내 안에서 외치는 소리를 듣게 된다.

'더 이상 이 안에 머물 수 없어.'
작은 외침이 처음엔 두려움처럼 들리기도 한다. 하지만 그것은 진실이었다. 더 큰 나, 더 자유로운 나를 향한 진실한 울림

알을 깨는 일은 고통을 동반한다. 익숙한 나와 이별해야 하고 미지의 세계에 몸을 던져야 하며 때론 모든 것을 걸고 날개를 펴야 한다. 하지만 고통을 지나야 진짜 태어난다. 과거의 나를 깨고 자신의 틀을 부수고 더 넓은 하늘로 나갈 수 있다.

"새는 날기 위해 알을 깬다."
우리도 그렇다.

진짜 나로 살아가기 위해 매일 조금씩 껍데기를 깨야 한다. 오늘의 두려움은 내일의 비상이 될 것이다. 그러니 주저하지 말고, 내 안의 작은 균열을 사랑하자. 틈 사이로도 빛은 들어오고 새로운 내가 자란다. 나는 더 이상 어제의 나로 돌아가지 않을 것이다. 내가 만든 세계를 깨고 새로운 나로 높이 날아오를 것이다.

참견의 바람

프로이센 왕국 철학자 헤겔 Georg Wilhelm Friedrich Hegel, 1770 生은 말했다. "사람들의 참견으로부터 자유로워지는 것은 위대한 일을 성취하는 전제 조건이다."

삶은 언제나 말로 가득하다. 무엇을 하든 어디로 가든 세상은 끊임없이 말을 던지고 자신의 잣대를 들이민다.

"그 길은 틀렸어."
"그건 어울리지 않아."
"그건 너무 무모해."

자신이 걷지 않은 길에 대해, 알지도 못하는 마음에 대해 그들은 그렇게 말한다.

하지만 진정한 위대함은 모든 말이 잠잠해지는 고요 속에서 시작된다. 남의 시선이 사라진 적막의 틈에서 마음 깊은 곳에서 들려오는 진실한 속삭임 하나를 듣게 될 때 비로소 나로서 사는 길이 열린다.

사람들의 말은 강물 위를 떠도는 낙엽 같다. 흐름을 붙잡으려 하면 어느새 중심을 잃고 내가 가야 할 방향조차 놓치게 된다. 그러니 흘러가는 말은 흘려보내라. 중요한 건 내가 노 저어 가야 할 방향이다.

남이 아닌 내가 그리는 길, 남이 아닌 내 안의 등불이 비추는 방향

그것을 따라 바람이 불어도 쓰러 지지 않는 나무처럼 조용히 단단히 나가야 한다. 수많은 말들 속에서도 흔들리지 않는 마음처럼 세상의 참견을 흘려보내는 일. 그것이야말로 위대한 일을 이룰 수 있는 내면의 조건이다. 그래서 오늘도 이렇게 다짐한다.

'나는 나의 길을 간다.'
'어떤 시선도 소음도 내 발걸음을 막을 수 없다.'

나의 길은 조용하지만, 안엔 나만의 불꽃이 피어나고 있다.

# 길 위에서 만난 나

삶은 우리를 끊임없이 유혹한다. 즐거운 소음, 눈부신 환락의 장. 그 속에서 자주 웃고 잊고, 자신을 놓친다. 쾌락은 잠시 우리를 가볍게 한다. 하지만 끝에 서면 허전한 바람이 가슴을 휩쓴다.

프랑스 소설가 카뮈 Albert Camus, 1913 生은 말했다.
"쾌락은 우리를 자신으로부터 떼어 놓지만, 여행은 스스로에게로 나를 다시 끌고 오는 고행 苦行이다."

여행이란 다른 풍경을 보는 것이 아니다. 진정한 여행이란 낯선 길 위에서, 낯선 공기 속에서 낯선 자신을 마주하는 일이다. 새벽 길을 홀로 걷다 텅 빈 가슴 속에 울리는 낯선 발소리를 듣는다. 사막의 바람 속에서 오랫동안 외면했던 질문을 다시 마주한다.

깊은 밤 이국의 골목에 홀로 서서 묻는다.

"나는 누구인가."
"어디로 가고 있는가."

여행은 고행이다. 몸은 피곤하고 마음은 흔들린다. 하지만 고통 속에서 자신을 다시 품는다. 여행은 세상을 배우는 길이지만 무엇보다 자신을 배우는 길이다. 어디를 가든 끝내 돌아오는 것은 외부가 아니라 내부다. 어디에 있든 결국 만나는 것은 풍경이 아니라 내 영혼이다.

그러니 여행하라. 길을 잃어라. 혼자가 돼라.

아무도 모르는 곳에서, 아무도 닿지 않는 마음의 뒷골목에서 진짜 나를 끌어안아라. 쾌락은 우리를 흩어놓지만, 여행은 우리를 다시 모은다. 산산이 부서진 내 조각들을 하나하나 주워 모으며 나를 완성해 간다. 그리하여 돌아오는 길에 가장 먼 여행은 바깥으로 떠나는 것이 아니라 내면으로 걸어가는 것임을 깨닫는다.

자신을 놓아주는 일

종종 시간을 거슬러 올라간다. 문득 깨어난 새벽의 침묵 속에서 되돌릴 수 없는 말과 행동을 떠올리며 가슴을 치고 눈을 감는다.

"왜 그랬을까"
"그때 그렇게만 하지 않았더라면"

마음 안에 법정을 세운 듯 자신을 심판하고 과거의 나를 증인석에 세우고 유죄를 선고한다.

영국 소설가 로런스 David Herbert Richards Lawrence, 1885 生은 말한다. "자신을 심판하지 마라. 이미 저질러 놓은 일에 자신을 책망하지 마라. 그릇된 일을 합리화하자는 것이 아니라 자기를 학대하는 괴로움에서 벗어나기 위함이다."

그 말은 상처 위에 또 다른 칼날을 대지 말라는 뜻이다. 실수는 때론 어리석었고, 분명 더 나은 선택을 할 수도 있었지만, 그 순간엔 그것이 전부였다는 것. 그때의 나는 지금의 나만큼 알지 못했다는 것. 우리가 할 일은 과거의 잘못을 반복해 상기하는 것이 아니다. 잘못이 만들어낸 고통을 딛고 같은 곳에 넘어지지 않도록 단단히 마음을 준비하는 일이다. 후회는 눈물 속에 머물면 독이 되지만 이해와 용서 속에 스며들면 성장의 뿌리가 된다. 자신을 괴롭히는 일이 속죄처럼 느껴질지 모르지만 그건 회복이 아닌 고통의 미련일 뿐이다.

과거를 붙잡지 않고, 오늘을 살아내는 사람만이 내일을 새롭게 맞이할 수 있으니, 자기를 놓아주는 일은 우리가 해야 할 가장 용기 있는 일이다. 그러니 스스로에게 조용히 말해보자.
"괜찮아. 너는 그때 그럴 수밖에 없었어. 이제 그 손 놓고 앞을 보자."

자신에게 관대해지는 순간 자유로워진다.

 ## 조금 흔들려도 괜찮아

삶은 가끔 바람 많은 날의 갈대 같다. 가만히 있어도 흔들리고 참으려 해도 휘청이는 순간이 찾아온다. 하지만 그건 약해서가 아니라 살아 있어서 그렇다. 감정을 느끼고, 상처를 알아서 그렇다. 미국 시인 롱펠로 Henry Wadsworth Longfellow, 1807 도 그걸 잘 알고 있었다.

"우리는 높은 목표를 품고 살아야 한다. 행동하라. 기다리지 말라."
"인생은 견디는 것이 아니라 의미 있게 살아내는 것이다."

꽃도 피기 전엔 바람에 흔들리니까, 조금 흔들리는 건 괜찮다. 뿌리가 단단해질 시간, 햇빛이 들어올 구름 틈을 기다릴 시간도 필요하다. 멈춰 서는 것도 괜찮다. 모든 별이 항상 빛나는 건 아니다.

가려진 달도 다시 떠오르듯 우리는 각자의 때를 준비하는 중이다. 인생이 너무 복잡하고 무거울 때면 스스로에게 말해보라.
"지금 흔들리는 마음도 나라는 시 詩의 한 구절이 될 거야."

완벽하지 않아도 괜찮다. 지금의 모습이 찬란하지 않아도 괜찮다. 숨 쉬고 하루를 견디고 가끔 웃는 것만으로도 충분하다. 미국 시인 롱펠로는 말했다.
"인생은 아름답다. 고귀한 시 詩처럼 자체로 예찬해야 할 것이다."

그러니까 오늘도 흔들리는 나에게 말해주라.
"괜찮다."
"너는 시 詩처럼 살고 있다."

때론 눈물로, 때론 미소로 흔들림마저 아름다움이 되는 순간을 기다리면서 하루하루가 인생이라는 시가 되기를

"조금 흔들려도 괜찮아."

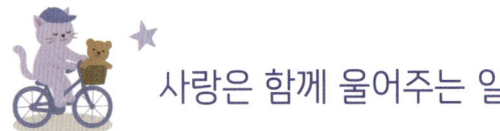 ## 사랑은 함께 울어주는 일

사람들은 사랑을 고결하고 아름다운 것으로 그린다. 찬란한 햇빛 아래 꽃이 피어나듯 한 편의 시처럼 아름답고, 동화처럼 따뜻한 무언가로 기억하고 싶어 한다. 하지만 유고슬라비아 출신의 수녀 테레사 Mother Teresa, 1910 年은 그렇게 말하지 않았다. 그녀는 사랑이 어디에 머물러야 하는지를 얘기했다.
"사랑은 고결하고 아름다운 것이 아니라 허리를 숙이고, 상처와 눈물을 닦아주는 것이다."

그 말은 담백하지만, 사랑의 본질을 정확히 설명하고 있다. 사랑은 높은 곳에 있지 않다. 무릎 꿇은 자리, 슬픔이 고여 있는 눈가, 조용히 등을 토닥이는 손길 안에 머무른다. 사랑은 다정한 말보다 따뜻한 눈빛에, 커다란 선물보다 끝까지 함께 있어 주는 마음에 깃든다.

상처를 치료할 능력이 없어도 곁을 지키는 용기만으로도 사랑을 나눌 수 있다.

함께 걷는다는 것은 기쁜 날에 손을 맞잡는 것만이 아니다. 눈물이 흐를 때 눈가에 손을 올리고 주저앉은 마음 곁에 조용히 앉아 주는 일. 모든 작은 행동이 사랑이 된다.

마더 테레사는 늘 허리를 숙이고 있었다. 병든 이를 씻기고 굶주린 이를 안아주며 세상에서 낮은 자리에서 깊은 사랑을 보여주었다. 그녀에게 사랑은 말이 아닌 손길이었고 위로가 아닌 행동이었다.

사랑은 화려하지 않다. 눈부시지 않다. 사랑은 한 사람이 다른 사람의 아픔에 눈을 돌리지 않고 다가서는 것. 그 자리에 머무는 것. 함께하는 것. 진짜 사랑은 그렇게 조용히 피어난다. 누군가의 눈물을 닦아주는 작은 손수건처럼 손수건에 적셔진 마음이야말로 사랑의 또렷한 증거가 된다. 사랑은 결국 곁에 있어 함께 아파하는 것 그리고 끝까지 함께 걸어가는 것이다.

# 사랑은 조용히 스며든다

가슴이 뛰는 것만이 사랑은 아니다. 심장이 요동치고 숨이 가빠지고, 세상이 온통 그 사람으로 물드는 감정은 눈부시고 아름답지만, 사랑의 전부는 아니다.

사랑은 때론 조용히 스며든다. 함께 있을 때 마음이 편안해지고, 침묵마저 따뜻하게 느껴지는 사람. 그와 나란히 걷는 길이 오래전부터 정해진 운명처럼 느껴질 때 그것도 사랑이다.

불꽃처럼 타오르지 않아도 잔잔한 촛불처럼 곁을 밝혀주는 사람, 무언가를 이루기 위해 서로를 북돋아 주고 꿈을 함께 키워가는 동반자, 그와 나눈 웃음과 눈빛 속에 삶의 방향이 담겨 있을 때 그 또한 사랑이다.

사랑이 꼭 격정적일 필요도 없다. 어깨에 기대어 쉴 수 있는 사람, 내 안의 상처까지도 있는 그대로 바라봐 주는 사람. 그와 함께 있을 때 세상이 조금 덜 거칠게 느껴지고, 내일이 조금 더 기다려진다면 모든 순간이 사랑이다.

사랑은 심장의 박동뿐 아니라
마음의 안식처다.

우리가 그와 함께 꿈꾸고
같은 방향을 바라볼 수 있다면
그것으로 충분하다.
그것이 가슴 뛰는 것보다 깊은 사랑이다.

 ## 나를 위한 친절

프랑스 출신의 미국 사상가 머튼 Thomas Merton, 1915 生은 세상의 소란에서 물러나 고요한 숲속에서 자신과 마주했다. 그가 찾고자 한 것은 위대한 업적도 세상의 박수도 아닌 단 하나, 진실한 행복이었다.

"무엇보다 나를 행복하게 하자."

이 말은 이기적인 결심이 아니다.
오히려 가장 겸허하고 깊은 사랑의 형태다.

세상은 끊임없이 묻는다.
"무엇을 성취했는가?"
"얼마나 노력했는가?"

하지만 머튼은 조용히 되묻는다.
"당신은 지금 행복한가?"

행복은 외부의 조건이 아닌 내면의 선택에서 비롯된다. 나를
억지로 끌고 가지 않고 나를 기다려주고 이해하는 것. 그것이
진짜 나를 위한 친절이다.

행복한 사람만이 다른 이에게 위로가 될 수 있다.
나를 소중히 여긴 사람만이 타인을 존중할 수 있다.

그래서 세상의 수많은 요구 앞에서
한 문장을 가만히 속삭여 보자.
"무엇보다 나를 행복하게 하자."

이 말은 삶에 건네는 가장 따뜻한 약속이고
당신을 구원할 유일한 문장이다.

3장 ★ 작은 웃음 하나면 충분해

하루가 무겁게 느껴질 땐 큰 기적을 바라지 않습니다. 작은 웃음 하나면 충분합니다. 문득 떠오른 친구의 말투, 길가에 피어난 작은 꽃, 편의점 계산대에서 마주친 아이의 인사.

"안녕하세요!"하고 건네는 눈동자 하나에 웃음이 툭 피어납니다. 웃음이 모든 걸 해결해 주진 않지만, 삶의 가장자리를 따뜻하게 데워주는 건 틀림없으니까요.

배꼽 잡고 웃지 않아도 괜찮습니다. 입꼬리가 살짝 올라가는 순간만으로도 삶은 조금 가벼워질 겁니다. 오늘 작은 웃음 하나 지었다면 당신은 이미 충분히 잘 살아낸 것입니다.

기분 좋은 시간

노벨상 수상자 카너먼 Daniel Kahneman, 1934 生은 행복을 이렇게 정의했다.
"하루 중 얼마나 즐겁게 지냈나? 그 시간이 길면 행복하고 짧으면 불행하다."

그의 말은 통계로 측정되는 삶의 만족보다 더 직관적이다.
"오늘, 당신은 얼마나 오래 미소 지었는가?"

'기분 좋은 시간'은 때론 세상의 기준과 너무 멀리 있다. 덜 아픈 날, 밥을 굶지 않은 날, 눈물이 멈춘 날조차 누군가에겐 기쁜 날의 전부일 수 있다.

덴마크 동화 작가 안데르센 Hans Christian Andersen, 1805 生은 어린 시절을 다락방에서 보냈다. 초등학교도 다니지 못했고 알코올중독자 아버지의 그늘과 굶주림, 외로움 속에서 자랐다. 하지만 그는 좁고 어두운 천장 틈 사이로 들어온 작은 빛을 보며 이렇게 속삭였다.
"나는 행복하다. 아버지는 가끔 책을 읽어 주었고, 그 시간만큼은 세상이 따뜻했다."

그의 다짐은 오랜 시간을 거쳐 '성냥팔이 소녀'의 마지막 불빛이 되었고 '미운 오리 새끼'가 백조가 되는 위로가 됐다.

안데르센이 말했다.
"가난했기에 성냥팔이 소녀를 쓸 수 있었고 못생겼기에 미운 오리 새끼를 이해할 수 있었다."

행복은 언제나 반짝이는 것이 아니다. 때론 깜깜한 방 안에서 반딧불처럼 스스로 빛나야 하는 것. 슬픔을 껴안고도 웃을 수 있었던 순간. 그것이 행복 아닐까?

기분 좋은 시간이란 상황이 좋아서가 아니라
그런데도 미소 지은 나를 기억하는 시간이다.

 # 행복이 먼저다

성공하면 행복해질 것이라고 자주 착각한다. 정상에 올라야, 문을 통과해야 무언가를 쥐어야 비로소 웃을 수 있다고 생각한다.

미국 정치인 케인 Herman Cain, 1945 生은 말했다.
"성공이 행복의 열쇠가 아니라 행복이 성공의 열쇠다."

행복은 목표를 이룬 뒤에 오는 것이 아니다. 행복은 걸어가는 매 순간에 숨어 있다. 먼저 행복해야 사랑해야 빛나야 성공이 뒤따라온다. 하는 일을 사랑하라. 아직 서툴러도 보잘것없어 보여도 지금, 이 순간 손끝에 닿은 작은 일에 마음을 다하라.

한 송이 꽃을 가꾸듯
한 줄의 시를 쓰듯

하루를 사랑하고 노력을 사랑하고 꿈을 사랑하라.

사랑이 쌓여 세상을 향해 빛을 낼 것이다. 사랑이 깊어져 성공으로 이끌 것이다. 성공은 행복을 만들어주지 않는다. 행복이, 진짜 행복이 성공을 부른다. 그러니 먼저 행복하라.

아무것도 이루지 못한 지금, 아직 먼 길이 남아있는 오늘. 그런데도 환하게 웃으며 나가라. 아침 햇살을 사랑하듯 따뜻한 커피 한 잔을 사랑하듯 지금의 나를 사랑하라.

먼저 행복한 사람은 이미 성공의 절반을 이룬 것이다. 아직 아무것도 바뀌지 않았어도 마음 안에서 빛나는 작은 불꽃이 세상을 조금씩 움직이기 시작했으니까

"행복하라."

행복은 언제나 먼저 피어나는 꽃이다.

# 모든 날씨는 아름답다

"햇빛은 달콤하고 비는 상쾌하며 바람은 시원하고 눈은 기분을 들뜨게 한다. 세상에 나쁜 날씨란 없다. 서로 다른 좋은 날씨만 있을 뿐이다."
영국 문학 평론가 러스킨 John Ruskin, 1819 生의 말이다.

창밖을 바라보며 오늘 날씨가 마음에 들지 않는다고 투덜댄 적이 있다. 너무 흐리다. 너무 덥다. 너무 춥다. 비가 와서 불편하다.

하지만 문득 이런 생각이 들었다.
"정말 나쁜 날씨란 존재할까?"

햇살은 마음을 녹이고 비는 대지를 적시며 바람은 머릿속 먼지를 날려주고, 눈은 세상을 새하얗게 뒤덮는다.

그저 다를 뿐 모두 소중한 존재다. 날씨가 이렇듯 각각의 선물이라면, 하루도 그러지 않을까?

기분 좋은 날이 있고 눈물 나는 날이 있고 혼자 있고 싶은 날도, 누군가가 간절한 날도 있다. 모든 날은 서로 다른 좋은 날이다. 슬픔이 있었기에 기쁨이 더 선명하고, 침묵이 있었기에 말 한마디가 따뜻해진다. 그렇게 날씨처럼 감정처럼 우리는 매일 다른 빛깔로 살아간다.

오늘 날씨는 어떤가?

햇살이 머무르든
빗방울이 창을 두드리든
바람이 마음을 흔들든

그것은 모두 하루를 채우는 아름다운 방식일지 모른다.
세상엔 나쁜 날씨도 나쁜 하루도 없다.
조금 다른 모습의 좋은 하루가 있을 뿐이다.

# 무조건 웃어야 한다

베트남 출신의 불교 지도자 틱낫한 Thích Nhất Hạnh, 1926 生이 말했다.
"무조건 웃어야 한다. 웃음은 모든 것을 바꿔 놓는다."

이 말은 위로가 아니라 삶을 껴안는 지혜였다. 마음이 무겁고, 어깨가 내려앉을 때 작은 미소 하나가 짐의 무게를 잠시 내려놓게 해 준다.

웃음은 지금, 이 순간 여전히 살아있고 사랑받을 자격이 있는 존재임을 말해주는 조용한 노래다.

어쩌면 세상은 쉽게 바뀌지 않을 것이다.
하지만 내 태도는 바꿀 수 있다.
변화의 시작은 입꼬리를 조금 올리는 작은 용기에서 시작된다.

웃음은 연민을 부르고, 연민은 사랑을 부른다.
그렇게 웃음은 슬픔의 끝에 핀 연꽃 같은 존재가 된다.

억지웃음이 진짜 웃음을 데려올 수도 있으니
오늘 억지로라도 웃어보자.

웃음 하나가 당신 안의 세상을 바꾸고 세상 어딘가의 누구를
살릴지도 모른다. 그러니 잊지 말자.

무조건 웃어야 한다.
웃음은 정말로 모든 것을 바꿔 놓는다.

# 칠십 년이 걸린 사랑

그 말을 들은 건 겨울이었다. 눈이 소복이 쌓인 오후 작은 성당에서 들은 얘기다. 그날따라 세상은 유난히 조용했고, 노신부가 난로 곁에 앉아 사람들에게 물었다.
"사랑을 안다고 생각하세요?"

사람들은 머쓱하게 웃으며 대답했다.
"그럼요. 연애도 해봤고, 부모님도 사랑하고…"

노신부는 고개를 천천히 저으며 조용히 말을 꺼냈다.
"사랑이 머리에서 가슴으로 내려오는 데 칠십 년이 걸렸다고 김수환 추기경 Stephen 金壽煥, 1922 生이 그랬어요."

그 말이 마음속에 둥지를 틀었다.

어릴 적 사랑을 배움으로 여겼다. 책에서, 드라마에서, 교과서에서 사랑은 언제나 정의할 수 있는 것이었다.

"사랑이란 서로를 위해 희생하는 것"
"조건 없이 주는 것"
문장을 잘 외웠다. 시험지에 써 내려가며 사랑을 안다고 믿었다. 하지만 어느 날 어머니의 손가락이 굽어지는 걸 보고도 무심히 방으로 들어간 내가 있었고 친구의 눈물이 불편해 외면했던 기억도 있었다. 그 순간 머리는 사랑을 말했지만, 가슴은 여전히 낯설어했다. 첫사랑과 이별하던 날엔 사랑은 고통이라 결론지었다. 사랑은 고통이 아니라 고통마저 껴안는 마음이라는 걸 그땐 몰랐다. 왜 김수환 추기경은 사랑이라는 말에 '칠십 년'이라는 세월을 붙였는지 조금 알 것 같았다. 사랑은 머리로 이해한 후에도 가슴으로 느끼기까지 천천히 아프게 스며드는 것이니까

누군가를 용서할 수 없을 때 그럼에도 그 사람을 위해 기도할 일이 생길 때 내가 옳다는 생각보다 상대 마음을 먼저 헤아리는 순간이 올 때 그때 비로소 사랑은 내 안에 내려앉는다.

칠십 년이 걸려도 좋다. 사랑을 아는 데 평생이 걸려도 좋다. 길 끝에서 누군가의 아픔을 조용히 안아줄 수 있다면 삶은 이미 축복받은 것이니까

# 열정이 피어난 자리

사람들은 '때'에 대해 얘기한다. 꽃이 피는 때 열매 맺는 때 사랑할 때 그리고 무언가를 시작할 때다. 하지만 인생이란 시계는 생각하는 것보다 훨씬 천천히 그리고 자유롭게 흐르니, 누군가에게는 때가 너무 늦은 것이 아닌지도 모른다.

미국의 작은 농촌 마을 모제스 Anna Mary Robertson Moses, 1860 生은 평범한 농부의 아내로 살았다. 아침이면 밭일했고, 낮엔 가족을 돌봤으며 저녁이면 바느질로 시간을 보냈다.

그녀의 삶은 특별할 것도 화려해할 것도 없는 평범한 사람들의 모습과 같았다. 하지만 어느 날 그녀의 손은 바늘을 잡기 힘들 정도의 관절염에 시달리게 된다.

여든을 앞둔 그녀는 더 이상 바느질도 할 수 없었다.

절망이 아닌 새로운 도전이 필요했다.
그때 붓을 들었다.
너무 늦었다고 생각될 때
캔버스 위에 새로운 꽃을 피우기 시작한 것이다.

사람들은 말했다.
"할머니 지금 시작하기엔 너무 늦지 않았나요?"

그럴 때마다 그녀는 웃으며 말했다.
"꿈과 열정에 나이가 어디 있나요? 열정이 있는 한 우린 모두 늙지 않는답니다."

그녀가 그린 그림은 화려한 기교 없이도 보는 이의 마음을 따스하게 어루만졌다. 일상 속 작은 풍경들, 계절의 변화, 마을 사람들의 소박한 모습은 그녀의 따뜻한 시선을 통해 캔버스 위에 살아 숨 쉬었다.

세상은 늦깎이 화가의 진솔하고 순수한 그림에 감탄했고 '그랜드마 모제스'라는 이름을 붙이며 열광했다. 어느덧 그녀의 나이는 백 살을 향해 가고 있었지만, 그랜드마 모제스의 영혼은 그림을 그리는 동안 늘 청춘이었다.

그녀는 말년에 이런 말을 남겼다.
"삶의 마지막 순간까지 붓을 들 겁니다. 열정을 갖고 있는 한 늙지 않을 테니까요."

삶의 어느 순간에도 열정이 있다면 인생은 봄이고 꿈을 피울 수 있는 가장 좋은 때다. 모제스의 그림처럼 인생은 화려하지 않아도 스스로 아름다움을 느낄 때 완벽한 시작의 타이밍일지 모른다.

그녀의 삶과 그림은 이렇게 속삭인다.
"삶을 살아가는데 때늦음은 존재하지 않는다.
당신 마음속 열정이 있는 한 삶은 언제나 젊다."

마음을 붙잡는 법

프랑스 소설가 생텍쥐페리 Antoine de Saint-Exupéry, 1900 生은 말했다.
"세상에서 가장 어려운 일은 마음을 얻는 것이다."

그렇다. 버스에서 거리에서 카페에서 학교와 회사에서 하루에도 많은 사람을 스쳐 간다. 우리는 많은 얼굴들의 잠시 머무는 마음을 잡으려 한다. 하지만 마음은 바람 같다. 스치면 시원하고 갑자기 불면 아프고 조용히 머물면 따뜻하지만 결국 자유롭다.

그런 마음을 억지로 잡으려 하면 어떻게 될까?
바람을 멱살잡이하듯 쥐려다 더 멀리 날아갈 뿐이다.
그러니 멱살을 잡지 말고 마음을 잡아야 한다.
마음을 잡는 건 손으로 잡는 것이 아니다.
마음은 고운 말, 따뜻한 말 그리고 진심이 담긴 말로 잡는다.

칭찬은 마음을 열게 한다.
"당신 덕분에 오늘 하루가 환해졌어요."
말 한마디에 얼어붙은 마음이 녹기 시작한다.

감사는 마음을 머물게 한다.
"고마워요. 당신이 있어서 다행이에요."
한마디에 떠나려던 바람 같은 마음이 머무른다.

용서는 마음의 매듭을 푼다. "괜찮아요. 저도 부족하니까."

그 말 앞에서 상대는 방어를 내려놓고 진짜 얼굴을 꺼내 든다. 사랑은 조건 없이, 계산 없이 마음을 껴안는다. 사랑은 당신이 당신이라서 좋은 마음이다. 사랑은 아무 말 없이 사람의 마음을 감싼다.

우리는 말 한마디로, 표정 하나로, 무심한 시선으로 자주 마음을 놓친다. 하지만 마음을 붙잡는 것도 결국 작은 말, 작은 눈빛, 진심 하나다.

오늘 누군가의 마음을 붙잡고 싶다면 큰 말보다 따뜻한 말을 건네자. 당신이 건넨 말이 어쩌면 그의 가슴에 바람 대신 불빛처럼 머물지 모른다.

삶은 자석과 같다

삶은 자석과 같다. 무심코 품고 있는 생각, 무심결에, 곁에 둔 물건, 지우지 못한 상처와 기억까지 자석처럼 마음에 달라붙어 무게를 만든다. 어느 날 가방 안을 뒤져보니 쓰지 않는 열쇠, 마른 펜, 잊힌 영수증이 나왔다.

무게를 만드는 건 물건만이 아니다. 그 속엔 미련, 끝내 마주하지 못한 말 그리고 이젠 떠나보내야 할 과거의 그림자가 있다.

우리는 버려야 할 것을 껴안은 채 더 좋은 것을 맞이하지 못한다. 마음의 공간은 유한하므로 비워야 채울 수 있다.

지금 오래된 마음의 상자를 열어 고통을 불러오는 물건 하나, 나를 아프게 했던 기억 하나, 용서하지 못한 이름 하나를 살며시 꺼내보자. 그리고 조용히 이별하자.

그렇게 삶은 가벼워지고, 마음은 진정 원하는 것을 끌어당길 새로운 자력 磁力을 얻는다.

버림은 끝이 아니라
더 나은 시작을 위한 의식이다.

 ## 생각은 창문이다

물은 그릇에 따라 모양을 바꾼다. 기분도 마찬가지다. 우리가 어떤 마음을 품느냐에 따라 세상은 전혀 다른 얼굴을 보여준다.

불쾌한 기분을 안고, 세상을 보면 모든 것이 나를 향해 찌푸리고 있는 듯하다. 사람들의 말투가 거칠게 들리고, 햇빛조차 눈부시게 날카롭다. 하지만 그건 세상이 그런 것이 아니라 내 마음이 그렇게 바라보고 있기 때문이다.

우리가 유쾌하게 생각하고 행동하면 세상도 차츰 기색을 바꾼다. 작은 웃음 하나, 따뜻한 인사 한마디가 긴장을 풀어주고, 여운은 타인에게도 번져간다.

유쾌함은 억지로 만들어내는 연기演技가 아니다.
작은 여유와 받아들임에서 비롯된 마음의 선택이다.

오늘 하루 웃기로 마음먹는 순간부터 기분은 방향을 틀고, 평화와 행복은 슬며시 문을 두드린다. 기분이 날씨라면 우리의 생각은 창문이다. 창문을 열고 밝은 빛을 들이자. 그러면 세상도 우리를 향해 따뜻한 햇살을 건넬 것이다.

 일체유심조 一切唯心造

모든 것은 마음에서 시작된다는 말이 있다. 불경에서는 일체유심조 一切唯心造라 하여 세상의 모든 것은 마음이 지어낸 것이라 했다.

중국 명나라 말, 문인 홍자성 洪自誠, 1573 生이 지은 책 '채근담'은 말했다.
"마음의 바탕이 밝으면 어두운 방 안에 있어도 푸른 하늘이 있고 마음이 어두우면 찬란한 햇빛 아래서도 도깨비를 본다."

영국 시인 밀턴 John Milton, 1608 生도 '실낙원'에서 이렇게 말한다.
"마음이 천국을 만들고 또 지옥을 만든다."

세상은 변한 것이 없는데 내가 달라지면 모든 것이 달리 보인다.

무서운 것도, 슬픈 것도, 기쁜 것도
모두 마음이라는 화가가 그린 풍경일 뿐이다.

그래서 마음을 들여다봐야 한다. 욕심과 두려움이 칠해진 색을 지우고 고요한 눈빛으로 다시 그리기를 반복해야 한다. 천국은 하늘 높은 곳에 있는 것이 아니다.

한 줄기 따뜻한 이해, 한 마디 온전한 용서 그리고 한 사람을 있는 그대로 받아들이는 순간 마음은 천국이 된다.

세상이 무겁다고 느껴질 땐 밖이 아니라 내 안의 창문을 닦아야 한다. 마음이 밝아지면 세상은 다시 맑아진다.

4장 ★ 말없이 곁에 있어 줄게

위로는 멋진 말로만 건네는 게 아닙니다. 때론 어떤 말도 위로가 되지 않을 때도 있습니다. 그럴 땐 말없이 곁에 있어 주는 사람이 위로됩니다. "힘내"라는 말보다, "왜 힘드냐는" 질문보다, 옆에 조용히 앉아주는 사람입니다.

눈물이 날까 봐 아무 말도 하지 않고, 입술을 꾹 다문 채 손등만 잡아주는 사람. 마음은 말로 설명할 수 없지만 몸은 온전히 따뜻함을 느낍니다. 그런 사람이 되고 싶습니다. 당신의 조용한 순간에, 어두운 시간에 말없이 곁에 있어 줄게요. 마음은 언제나 당신 편입니다.

괜찮아

"실수 한 번 했다고 인생 전체가 실수가 되는 것은 아니다. 실수를 과장하지 마라."

때론 실수 하나가 마음을 짓누른다.

그날의 한마디, 그때의 선택, 순간의 망설임이 모든 것을 망쳐버린 듯 기분이 들 때가 있다. 하지만, 이 말을 기억하라. "실수 하나로 인생 전체를 판단하지 말라. 그것은 한 페이지에 남겨진 얼룩일 뿐 책 전체를 더럽힌 것이 아니다."

누구나 실수한다. 넘어지고 길을 잃고, 누군가를 아프게도 한다. 하지만 중요한 건 실수를 어떻게 기억하느냐? 그리고 어떻게 이겨내느냐다.

실수는 우리를 시험하지 않는다.
우리를 진짜 시험하는 것은
실수 앞에서 자신을 얼마나 용서할 수 있느냐다.

**당신은 실패한 사람이 아니다.
당신은 배우는 중이다.**

실수는 다시 시작할 기회의 다른 이름이다. 한 번의 실수 때문에 당신의 모든 빛이 가려지는 건 아니니까, 너무 자책하지 마라. 너무 과장하지도 마라. 대신 다정하게 자신에게 말해보라.
"괜찮아 그럴 수 있어. 이건 내 얘기의 끝이 아니라 한 문장의 쉼표일 뿐이야."

그리고 다시 걸어가라.
당신의 인생은 어떤 실수보다 더 크고, 깊고 아름답다.

 ## 부메랑의 법칙

인생은 부메랑 같다. 세상에 던진 말과 감정, 행동은 멀리 날아가는 듯하지만 언젠가 다시 내게 돌아온다.

미국 일러스트레이터 쉰 Florence Scovel Shinn, 1871 生은 말했다.
"우리가 세상에 내보내는 것은 반드시 되돌아온다."

이것은 단순한 진리이며 분명한 삶의 흐름이다. 친절을 건네면 예상치 못한 순간 따뜻한 위로가 되어 돌아오고, 불평을 흩뿌리면 사소한 일조차 버겁게 느껴지는 날이 온다.

말 한마디, 생각 하나, 작은 행동이 돌고 돌아 결국 삶의 분위기를 만든다.

세상이 차갑고 무정하다고 느끼지만 냉랭함은 내가 던진 무심한 부메랑이 돌아온 것일지도 모른다. 반대로 용서한 순간, 이해한다고 말했던 한마디가 다시 따뜻한 햇살이 되어 찾아올 것이다. 그러니 지금 내가 던지고 있는 부메랑은 무엇인가?

비난인가 원망인가
아니면 사랑과 감사인가

세상은 생각보다 정직하다.
내가 품은 것이 나를 향해 되돌아오는 법이다.

그러니 오늘 부드럽고 선한 마음을 내보내자. 한 사람의 온기가 또 다른 이의 하루를 밝히고, 빛은 내게로 돌아올 것이다. 삶은 던진 대로 되돌아오는 마음의 궤도 위에 있다.

바람을 거슬러 날아간 사랑 하나
언젠가 더 큰 사랑이 되어 돌아올 테니

 # 세 가지 질문

칸트 Immanuel Kant, 1724 生은 말했다.
"삶의 행복이란 결국 세 가지 질문에 답하는 여정이다."

어떤 일을 할 것인가?
어떤 사람을 사랑할 것인가?
어떤 일에 희망을 품을 것인가?

세 가지 질문은 나침반처럼 삶을 조용히 안내한다. 살면서 어느 순간 세 가지 질문이 바람처럼 찾아와 마음 깊은 곳을 흔든다.

어떤 일을 해야 할지 몰라 방황하는 청춘의 밤
어떤 이를 사랑해야 하는지 몰라 외롭게 헤매던 계절
막연한 희망조차 잃어버린 흐린 아침

세 가지 물음 앞에서 수없이 넘어지고 방황하며 조금씩 자신과 마주한다. 삶은 안개처럼 흐릿하고 길을 잃은 듯 아득하다. 이럴 때 세 가지 질문을 조용히 되뇌어 본다.

진정하고 싶은 일은 무엇인가?
어떤 사람을 진심으로 사랑하는가?
삶의 희망은 어디에 있는가?

삶의 길 위에 서 있는 우리는 미완의 존재다. 완벽한 해답이 없기에 더 가치 있는 질문이다. 우리는 세 가지 질문을 가슴에 품고, 눈물로 답을 찾으며 인생이란 거친 바다를 항해한다. 그리고 진정한 행복이란 대단한 목적지에 도착하는 것이 아니라 질문을 안고, 하루하루를 살아 내는 과정에 있다는 것을 깨닫는다.

무엇을 할지 정하지 못했던 날들을 극복하며 내가 꿈꾸는 일이 명확해지고, 누구를 사랑해야 할지 몰라 울던 밤들이 넘어서 소중한 사람을 찾게 되며 희망조차 보이지 않던 날들이 이겨내고 나를 움직이는 꿈이 탄생한다.

우리는 질문으로 살아가는 존재다. 끊임없이 나에게 질문을 던지고 질문을 품으며 앞으로 나간다.

그러므로 행복이란 질문을 품은 사람의 마음에 피어나는 꽃 같은 것일지도 모른다.

어떤 일을 할 것인가?
어떤 사람을 사랑할 것인가?
어떤 일에 희망을 품을 것인가?

오늘도, 이 질문을 가슴에 품고 걸어가는 모든 이들의 삶이 그래서 더 아름답고 소중하다.

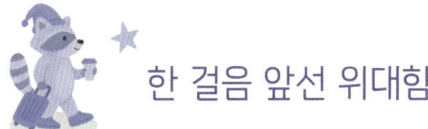
한 걸음 앞선 위대함

인도 속담에 이런 말이 있다.
"참된 위대함은 자신의 과거보다 한 걸음 앞서가는 것이다."

화려한 무대 위의 박수도 누군가의 찬사도 위대함의 증표가 아니다. 진짜 위대함은 어제의 나를 넘어서려는 조용한 결심 속에 깃든다.

때론 과거가 무겁다. 실수와 후회, 멈춰 선 시간이 마음에 그림자를 드리운다. 하지만 위대한 사람은 그림자에 머무르지 않는다. 그림자를 안고 그 위에 발을 딛는다. 비틀거리더라도 한 걸음 한 걸음이 어제를 넘어서는 위대함이다.

그들은 자신을 부끄러워하지 않고, 과거를 지워버리려 하지도 않는다. 대신 과거를 들여다보고 그 안에서 새로운 길을 모색한다. 울었던 자리에서 미소를 피우고 멈췄던 자리에서 다시 길을 연다.

작은 발걸음 하나가 어떤 이에게는 희망이 되고 또 다른 이에게는 빛이 된다. 그래서 참된 위대함은 남을 이기는 것이 아니라 자신을 끊임없이 갱신更新하는 데 있다.

무엇이든 처음은 작다. 씨앗처럼 보잘것없는 결심 하나가 자라나 숲이 되듯 오늘 내딛는 한 걸음이 인생을 다시 쓰는 첫 문장이 된다.

'어제보다 조금 더 나아진 나'
그것이면 충분하다.

위대함은 먼 곳에 있지 않다. 지금, 이 순간 나에게 지는 것을 멈추고 조용히 앞으로 내딛는 걸음 속에 있다.

 ## 사랑하는 사람은 발전한다

사랑은 우리 안의 부드러운 떨림이다. 누군가를 사랑하게 될 때 자신을 돌아본다. 서툰 말투 어설픈 행동 사소한 결점 하나하나가 투명한 빛 속에 드러나는 듯 두려워진다.

하지만 그것은 허영 虛榮이 아니다. 사랑이다.

너를 다치게 하고 싶지 않다. 너에게 상처가 되고 싶지 않다.
너의 웃음을 얼룩지게 하고 싶지 않다. 그래서 나를 다듬는다.
조용히 아무도 모르게 깊은 밤 자신을 가다듬는다.
부끄러운 부분을 덜어내고 나약한 부분을 고치려 애쓴다.

너의 눈이 나를 실망스럽게 보기 전에
너의 마음이 나를 멀리하기 전에 나를 바꾸고 싶다.

독일 철학자 니체 Friedrich Wilhelm Nietzsche, 1844 生은 말했다.
"사랑하는 사람은 발전한다."

사랑은 우리 안에 숨어 있던 고귀한 힘을 깨운다. 자기 연민을 걷어내고 나태함을 밀어내고 아직 보지 못한 더 나은 나를 향해 조심스럽게 하지만 확고하게 걸어간다.

사랑은 완전성으로 이끈다. 한 번도 품어본 적 없는 신성 神性을 향해 한 걸음 한 걸음 다가가게 한다. 그것은 누군가에게 잘 보이기 위한 변장 變裝이 아니다. 그것은 더 나은 존재가 되고 싶은 아름다운 약속이다.

사랑하는 이는 나를 연마한다. 울퉁불퉁한 마음을 매만지고, 더 부드럽게 깊고 따뜻하게 날카로운 언어를 갈고닦는다. 사랑은 변화를 강요하지 않는다. 사랑은 변화를 '간절히 바라게' 만든다. 그래서 사랑은 고통스럽기도 하고 찬란하기도 하다. 한없이 부끄럽고 존엄하다. 나는 너를 사랑함으로써 내가 누군가에게 다정한 사람이 될 수 있다는 것을 배운다. 나는 너를 사랑함으로써 나조차 몰랐던 나의 깊은 가능성을 발견한다. 사랑은 자기 초월의 시작이다. 자신의 불완전함을 받아들이면서 그것을 넘어서려는 가장 인간적인 투쟁이다.

사랑은 나를 깨운다.
사랑은 나를 길러낸다.
사랑은 나를 성장시킨다.
그러므로 사랑하라.

사랑이 너를 너보다 더 나은 너로 만들 것이다. 그리고 언젠가, 사랑했기에 나는 성장했다고, 사랑했기에 살아 있었다고 조용히 웃으며 깨닫게 될 것이다.

 # 거울 앞에 선 나

오늘 거울 앞에 선다. 흔들리는 눈빛 속에서 나를 향해 묻는다.
"내 꿈을 가로막고 있는 것은 무엇인가?"

세상이 너무 거칠어서?
환경이 이해해 주지 않아서?
기회가 없어서? 시간이 부족해서?

독일 정신 코치 바샵 Thomas Baschab, 1960 生은 속삭인다.
"혹시 내 꿈을 가로막고 있는 것이 내가 아닌가?"

외부를 탓하는 모든 말은 내 두려움을 감추기 위한 서툰 변명은 아니었을까. 주위 여건을 핑계 삼아 나약하게 숨어 있었던 것은 내가 아니었을까.

실패와 거절의 상처를 두려워했다.
그래서 세상을 탓했다. 그래서 기회를 흘려보냈다.
그래서 꿈을 미뤘었다.

하지만 진실은 언제나 거울 속에 있었다.
흔들리는 내 눈빛 속엔 외면하고 싶은 진실이 서 있었다.

변명거리를 만들지 마라. 꿈을 이루지 못하는 이유를 찾지 마라. 대신 이루기 위한 길을 찾아라. 길이 없다면 만들어라. 문이 닫혀 있으면 두드려라. 벽이 서 있다면 넘어가라. 꿈을 이룬 사람은 언제나 하나였다. 세상도 아니고 운명도 아니고 나였다.

그래서 오늘 핑계 없는 하루를 살 것이라고
변명 없는 발걸음을 내디딜 것이라고
두려워도 흔들려도 나를 끌어낼 것이라고 맹세한다.

거울 속의 나는 묻는다. 그리고 대답한다.
"이젠 진짜 나를 위해 걸어가겠습니다."

 사랑의 결핍

죄는 언제 태어나는가. 밤의 어둠처럼 느닷없이 찾아오는가. 아니면 사랑이 시들어갈 때 고요히 싹을 틔우는가?

러시아 문인 도스토옙스키 Fyodor Mikhailovich Dostoevsky, 1821 生은 삶의 가장 어두운 구석에서 이 질문과 마주했다.

차디찬 감옥에서 죽음을 앞두고, 그는 인간의 심연을 들여다보며 깨달았다.
"죄는 악에서 비롯되는 것이 아니라 죄의 본질은 사랑의 결핍이다."

우리는 죄를 법률로 규정하고 잘못된 행동을 수치화하며 남의 죄에 쉽게 돌을 던진다. 하지만 도스토옙스키는 묻는다.

"죄는 사랑을 잃은 데서 비롯된 것이 아닐까?"

'죄와 벌'의 라스콜니코프는 살인을 저질렀다. 그는 위대한 인간은 죄를 넘어선다고 믿었고, 자신의 행위를 논리로 정당화했다. 하지만 그의 영혼은 논리를 견디지 못했다.

무엇이 그를 무너뜨렸는가? 그것은 법의 심판이 아니라 인간에 대한 애정 부재였다. 타인을 사랑하지 못했기에 자신을 잃어갔다. 죄는 결과일 뿐이었다. 도스토옙스키에게 죄란 타인을 따뜻이 바라보지 못한 눈에서 시작됐다. 누군가의 고통을 외면하고 이웃의 고독을 지나치며 나 아닌 모든 존재를 도구로 여길 때 사랑은 마르기 시작했다.

죄는 돌처럼 무겁고, 칼처럼 날카로운 것이 아니다. 그것은 눈길을 피하는 작은 무관심, 말을 건네지 못한 침묵, 용서하지 못한 마음의 응어리처럼 보이지 않는 곳에서 자라나 영혼을 휘감는다.

'카라마조프가의 형제들'의 이반은 신의 부재를 주장하며 절규했다. 그는 사랑이 없는 신을 받아들일 수 없었고 아이가 고통받는 세상에 정의는 없다고 믿었다. 하지만 절망은 사랑에 대한 깊은 갈망 渴望이었다.

도스토옙스키는 이반의 입을 통해 말하지만 동시에 알료샤의 온기를 통해서도 답한다.
"사랑은 여전히 존재하고 사랑만이 죄를 이긴다. 죄는 인간이 저지르지만, 본질은 사랑을 잃어버린 것이다."

어머니의 손길, 친구의 눈빛, 연인의 목소리. 모든 작고 따뜻한 사랑의 조각들이 사라질 때 우리는 죄의 문턱에 선다. 그러므로 도스토옙스키는 우리에게 형벌보다 먼저 사랑을 묻는다. 그는 죄인을 정죄 淨罪하기보다 얼마나 사랑받지 못했는지를 들여다본다. 왜냐하면 알았기 때문이다.

"용서와 회복은 법이 아니라 사랑에서만 시작된다."

도스토옙스키의 세계는 어둡고 고통스럽고, 절망으로 가득 차 있지만 모든 얘기의 밑바닥에는 한 줄기 사랑이 흐르고 있다.

죄인에게조차 자비를 보내는 신 神의 시선
쓰러진 자에게 손을 내미는 인간 人間의 가능성

우리는 완전하지 않지만, 죄지은 자에게도, 상처 입은 자에게도, 무엇보다 스스로에게도 사랑할 수 있다. 사랑이 사라진 자리에서 죄는 자라지만 사랑이 스며드는 순간 죄는 사라진다. 그것이 도스토옙스키가 일생을 걸어 깨달은 진실이었다.

그는 말하고 있다.
"죄를 미워하지 말고, 사랑을 잃은 마음을 다시 보라. 그곳에서부터 인간은 다시 시작될 수 있다."

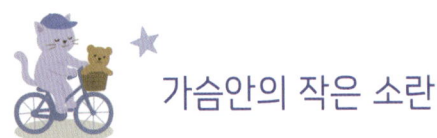# 가슴안의 작은 소란

어느 날 가슴안에서 작은 소란이 일어난다. 이유도 모른 채 마음은 조급해지고, 생각은 이리저리 부딪치며 어깨는 굳어간다. 그럴 때 우리는 본능처럼 저항하려 든다.

"진정해."
"조용히 해."
"멈춰."

미국 작가 코미나스 Sheppard B. Kominars는 속삭인다.
"저항에 저항으로 대항하려 애쓰지 마라."

마음은 칼로 다스릴 수 없다. 억지로 억누르려 하면 할수록 불길처럼 치솟는다. 명령을 내릴수록 마음은 더 격렬히 반항한다.

그러니 부드럽게 말하라. 지친 아이의 등을 쓰다듬듯 조심스럽게 다가가라.
"마음이 초조하고 산만해지면 휴식하라."

억지로 가두지 말고, 자연스럽게 머물게 하라. 마음이 쉴 곳을 만들어 주라. 가만히 눈을 감고, 어디에도 닿지 않는 숨을 쉬라. 움켜쥔 손을 풀고 생각의 사슬을 조용히 끊어라. 마음은 함부로 명령할 때보다 편안하게 다독일 때 더 잘 반응한다.

"괜찮아." "조금 쉬어도 돼."
"조급해하지 않아도 돼."

그렇게 속삭이며 자신을 다시 품어라.
번뇌하는 마음을 억지로 밀어내려 하지 말고 이해하라.

"아, 내가 지금 힘들구나." "지금 흔들리고 있구나."

알아차리는 것만으로도 마음은 조금씩 가라앉는다. 가장 먼저 해결해야 할 것은 문제가 아니다. 계획도 아니다. 타인도 아니다. 번뇌하는 마음, 흔들리는 자신을 어루만져야 한다.

그때 비로소 다시 길을 찾을 수 있다. 다시 걸을 수 있다.
다시 빛을 바라볼 수 있다.

우리의 착각

새로운 우주가 열린다 해도 그 안에 담긴 세상은 달라지지 않는다. 시간은 직선이 아니라 과거의 그림자를 길게 드리우는 원이다.

우리는 착각한다. 새벽이 오면 모든 것이 복귀될 거라 믿는다. 하지만 어제의 침묵은 오늘도 따라오고 지나간 잘못은 미래의 뿌리에까지 스며든다.

잘못은 물처럼 스며들어 아무도 모르게 하지만 분명히 세월의 벽을 타고 조용히 자란다.

그래서 순간은 가벼운 듯 무겁고 작은 듯 거대하다.

지금 무엇을 하고 있는가?
말없이 넘긴 오늘은 어떤 미래를 준비하고 있는가?

현재는 과거의 열매이며 미래는 현재의 씨앗이다.
우리의 걸음 하나 숨결 하나가 다음 세상을 짓는다.

새로운 우주는 새로운 세상이 아니다.
그러니 지금, 이 순간을 한 방울의 빛처럼 귀하게 여겨야 한다.

영원은 멀리 있는 것이 아니라
지금 우리의 작은 선택 안에 있다.

# 차 한 잔의 진심

녹차의 빛깔이 맑고 향이 깊다고 해서 그 순간 더 진실해지는 건 아니다. 때론 찻잎이 부서지고 물은 적당히 식었지만, 그 한 잔이 마음을 녹이는 때도 있다.

중요한 건 차의 품질이 아니라 찻잔을 마주한 이의 마음이다. 마시는 이가 따뜻하다면 어떤 차도 위로가 된다.

우리는 차를 어디서 샀는지, 얼마였는지, 등급은 어떤지에만 마음을 쏟는다. 하지만 진짜 중요한 건 차를 누구와 나누고 그 순간을 어떤 마음으로 맞이했느냐다.

바쁜 하루 잠시 멈춰 한 모금의 여유를 마셔보라.
그리고 스스로에게 묻자.

"지금 나에게 정말 중요한 건 무엇인가?"

삶을 결정짓는 건 녹차의 등급이 아니라
차를 마시며 떠오른 사람, 그리움, 미소 혹은 다짐이다.

한 잔의 차처럼
당신의 하루도 부드럽게 흘러가길

차는 입이 아니라 마음을 데우는 것이다.

5장 ★ 마음에도 휴일이 필요해

몸은 쉬는 데 마음은 계속 일할 때가 있습니다. 눈 감아도 머릿속은 쉼 없이 돌아가고, 가만있어도 속은 부서집니다. 사람들은 말합니다. "주말에 쉬었잖아." "놀았으면서 왜 그래?" 하지만 아무도 모릅니다. 웃으며 쉬는 척했던 순간에도 내 마음은 계속 일하고 있었습니다. 그러니까 마음에도 휴일을 줘요.

아무것도 고민하지 않는 시간, 누구의 눈치도 보지 않는 공간.
그 안에서 마음은 조금씩 제 숨을 되찾고, 다시 부드럽게 뛰기
시작합니다. 마음도 사람처럼 지쳐, 때론 '괜찮다'라는 말조차
무거울 때가 있으니까요.

오늘, 일도 걱정도 내려놓고 이렇게 말해주세요.
"괜찮아, 오늘은 마음의 휴일 休日이야."

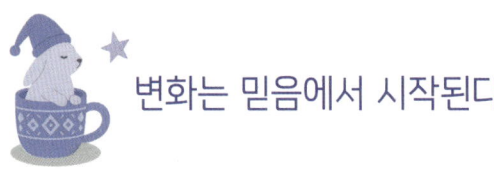# 변화는 믿음에서 시작된다

상상하는 미래를 믿어라. 누구도 본 적 없는 세계일지라도 당신 안에 선명하게 떠오른다면 미래는 현실을 향해 천천히 발을 내딛고 있다. 모든 변화는 사람의 믿음에서 시작된다. 불안과 의심이 자라나는 세상에서 당신만은 조용히 불씨를 감싸 쥐고, 바람에 흔들리지 않기를 응원한다.

아직 아무것도 달라지지 않은 것 같아도 마음속으로 한 걸음을 내디뎠을 때 세상은 아주 미세하지만 확실하게 방향을 바꾼다. 미래는 당신을 기다리고 있다. 수많은 포기와 체념이 누군가의 꿈을 무너뜨릴 때 당신은 끝내 자신을 포기하지 않은 사람이었다.

미래는 조용히 속삭인다.
"행동은 믿음의 그림자다."

당신이 품은 상상은 공상이 아니라 당신 손끝에서 뻗어나가는 현실의 설계도다."

누군가는 말할 것이다.
"그건 너무 이상적이야. 현실을 봐."

하지만 현실이란 누군가의 믿음이 오래된 결과물일 뿐. 지금 당신이 믿는 것 또한 미래의 누군가에게는 현실로 남는다. 그러니 두려워하지 마라.

당신이 상상한 미래가
너무 크고, 너무 멀고, 어쩌면 불가능해 보여도

매일 바라보고, 그것을 향해 한 걸음씩 내디딘다면 미래는 꿈이 아니다. 그건 당신의 길이 되고 일상이 되고 삶이 된다. 한밤중에도 별은 어디선가 빛나고 있다. 당신이 고개를 들고 그걸 볼 때 세상은 조금 더 당신이 원하는 쪽으로 기울어진다.

상상하라, 믿어라 그리고 행동하라.
당신이 품은 미래는 지금, 이 순간부터 만들어지고 있다.

# 시크릿

하늘을 바라본 날이 있었다.
흰 구름이 느리게 흘러가는 틈에 내 마음을 실어 보냈다.
말 한마디 없이도 우주는 듣고 있다는 걸 믿었다.

오스트레일리아 작가 번 Rhonda Byrne, 1951 生의 '시크릿'은 말한다.
"당신이 마음 깊이 원하고, 바람을 말로 꺼내는 순간 우주의 물결이 당신 쪽으로 움직이기 시작한다."

믿음이 먼저다.

보이지 않아도
들리지 않아도

마음속 소망은 당신이 뿜어낸 진심의 온도에 따라 천천히 하지만 확실히 다가온다. 그래서 오늘 속으로만 품어두었던 꿈을 입 밖으로 꺼내보자.

"나는 행복해질 거야."
"사랑받을 자격이 있어."
"내가 원하는 삶을 살아갈 거야."

이 문장이 우주의 귀에 속삭이는 주문이 되어
당신 길을 비출 것이다.

마음에 심은 꿈은 말로 물을 줄 때 비로소 자란다.
그러니 당신의 염원과 꿈을 입으로 뿜어라.

그것이 변화의 시작이다.

 사색의 힘

책장은 수천 권의 책으로 채울 수 있다. 하지만 그것은 잉크와 종이의 무게일 뿐 진정한 지식은 읽은 것으로부터 오지 않는다. 읽은 것을 깊이 생각하고 끓이고 걸러내는 것. 거기에서 탄생한다.

잉글랜드 왕국 철학자 로크 John Locke, 1632 生은 말했다.
"독서는 지식의 재료를 공급할 뿐 그것을 자기 것이 되게 하는 것은 사색 思索이다."

읽는다는 것은 지식의 문 앞에 서는 일이다. 문을 열고, 안으로 들어가 자기 방을 만드는 것은 사색의 몫이다. 글자들은 길잡이가 되어주지만 길을 걸어가야 하는 건 '나'다. 문장을 읽었다고 해서 뜻대로 살아낸 것이 아니다.

정보를 알았다고 해서 지혜가 내 피가 된 것은 아니다.
독서는 나무 한 그루, 돌 한 덩이, 물 한 모금 같은 재료다.

그것을 엮어 내 집을 짓는 일. 비바람 속에서도 무너지지 않을 생각의 성채 城砦를 쌓는 일은 오롯이 사색에 달려 있다. 사색은 시간을 요구한다. 급하게 넘긴 페이지 위에는 아무것도 뿌리내리지 않는다. 사색은 고요함을 요구한다. 모든 소란을 지나 자신에게 묻는 일이다.

"나는 지식을 통해 어떻게 살 것인가."
"진실을 내 삶에 어떻게 새길 것인가."

우리는 읽으며 안다. 하지만 생각하면서 비로소 살아낸다. 책은 길을 제시할 뿐 발걸음을 대신 옮겨주지 않는다. 읽어라. 그리고 천천히 음미하라. 마음을 가라앉히고 단어 사이를, 문장 너머를 보라. 그리고 질문하라. 스스로 답을 찾아라.

독서는 씨앗이다. 사색은 꽃이다. 삶은 꽃향기를 품는다.

고독의 위대함

세상을 움직이는 위대한 결정, 사람들의 생각을 바꾼 혁신적 발견, 절망을 이겨낸 해답은 언제나 고독 속에서 시작됐다.

수많은 사람들이 함께 있는 자리에선 의견이 부딪치고, 속도가 앞서고 소음이 따라붙는다. 하지만 깊고 본질적인 생각은 모든 것에서 한 걸음 물러난 곳에서 자란다.

고독은 외로움이 아니다. 그것은 세상의 문을 잠시 닫아두는 시간이다. 생각의 씨앗은 어둡고 조용한 땅에서 움튼다. 고요 속에서 자신과 진심으로 마주하게 된다. 획기적인 문제해결은 무리 속에서 소리 높여 말할 때가 아니라 혼자만의 방에서 스스로 질문을 던질 때 태어난다.

질문은 두렵고, 끝이 보이지 않지만, 오직 질문과의 대면을 통해 진짜 대답을 찾는다.

혼자만의 시간은 낭비가 아니다. 그것은 '나'라는 우주로 잠수하는 시간이고 복잡한 세계에서 중심을 잡기 위한 숨 고르기이다. 누구나 고독을 두려워하지만, 고독은 우리를 더 단단하고 뚜렷하게 만든다.

혼자 걷는 산책길, 조용히 펼쳐 든 책 한 권
텅 빈 노트 위에 흐르는 생각의 물줄기

모든 순간이 위대한 결정과 창조의 씨앗이 된다. 혼자 있는 시간은 나를 다시 만드는 시간이다. 그 속에서 묻는다.
'나는 누구이며 무엇을 원하는가?'

그리고 질문의 끝에서 세상과 나를 연결할 수 있는 하나의 진실이 떠오른다. 그러니 잠시 멈추고, 세상의 소음을 닫고, 자신만의 공간으로 들어가 보자. 생각은 거기서 태어난다. 위대함은 언제나 고독에서 시작된다. 혼자만의 시간을 가져라. 그것은 당신을 성장시키는 가장 깊은 온기이다.

 # 넥타이를 자르는 사람

넥타이는 격식을 차릴 때, 예의를 갖출 때, 사회라는 질서 속에 나를 정의할 때 목에 맨다. 하지만 누군가는 정해진 틀에서 벗어나기 위해, 틀이 숨을 막히게 할 때 그것을 자른다.

넥타이는 맬 수도 있지만 자를 수도 있다.
그것 하나만으로 세상은 조금 넓어진다.

피아노는 연주하는 악기다. 건반을 눌러 선율을 만들고, 감정을 실어 노래한다. 그런데 비디오 작가 백남준 白南準, 1932 生은 그것을 부쉈다. 손끝으로 연주하는 대신 망치로 울림을 냈다. 그리고 알게 됐다.
"예술은 소리를 아름답게 내는 것만 아니라 소리의 정의를 다시 묻는 용기에서도 태어난다."

세상은 끊임없이 질문을 던진다.
"이건 왜 이래야 해?"

그때 누군가는 대답한다.
"원래 그런 거야."

하지만 예술가는 다른 길을 택한다.
"꼭 그래야만 해?"라고 되묻는다.

세상의 자극에 모두 같은 방식으로 반응할 때 다르게 반응하는 사람은 튀는 존재가 된다. 비난받고 외면당한다. 이상하단 말을 듣는다. 하지만 '다름'을 품은 누군가는 질문하면서 가능성을 본다. 때론 질타 叱咤가 언젠가는 찬사 讚辭가 된다. 남들이 넥타이를 맬 때 그것을 자를 수 있어야 한다. 남들이 피아노를 연주할 때 고요한 질서를 깰 수 있어야 한다. 그것이 예술이다.

세상을 바라보는 방식이 달라지는 순간 단지 사는 것을 넘어, 살아있음을 증명하게 된다. 모든 사물은 익숙한 모습 너머에 또 다른 얼굴을 가지고 있다. 넥타이도 피아노도 우리 자신도 그렇다.

얼굴을 알아보는 눈, 얼굴을 꺼내는 용기. 그로 인해 다시 태어나는 감정. 그것이 인생이다. 세상에 조금 다르게 반응할 수 있다면 우리는 모두 예술가가 될 수 있다.

 사람됨

인격이 비천한 사람이 영향력을 갖는 건 한 사회가 품은 깊은 비극이다. 그의 말은 메아리처럼 퍼지고 그의 행동은 이정표가 되어 수많은 이들의 길을 뒤틀리게 한다.

그가 오른 자리는 높지만, 그가 품은 마음은 낮고
그의 권위는 크지만, 영혼은 텅 비어 있다.

사회는 때로 성공의 껍질에 눈이 멀어 속의 실상을 보지 못한다. 화려한 수식어와 권력의 그림자에 가려 그 사람이 어떤 인격을 지녔는지 지나쳐버린다. 하지만 진정한 가치는 지위나 명예가 아닌, 사람됨에서 비롯된다.

조용히 약자를 돌아보는 눈길
남의 잘못을 품는 너그러움
작은 이들을 향한 존중
그리고 나를 돌아보는 겸손

이것이 사람을 사람답게 만든다.

사회는 물질의 성공보다 인격을 더 높이 평가할 때 비로소 건강해진다. 본질은 무엇을 가졌는가가 아니라 어떻게 살아가는가에서 드러난다. 진짜 무게는 사회적 성공이 아니라 인격으로 결정된다. 그리고 무게의 흔적은 죽은 뒤에도 남아 사람들의 기억 속에 오래도록 울림을 남긴다.

# 이별의 흔적

삶과 죽음 사이에는 얇은 장막이 드리워져 있다. 눈으로 볼 수 없고 손으로 만질 수 없지만 장막은 곁에 존재한다. 우리는 영원이란 단어가 곁에 있을 것처럼 그것을 외면한 채 살아간다.

하지만 사랑하는 이가 세상을 떠나는 순간 장막은 무자비하게 걷어진다. 눈앞에서 삶과 죽음이 맞닿고, 더는 먼 얘기처럼 느껴지지 않는다.

그제야 하루하루가 얼마나 소중했는지를 깨닫는다.
평범하다고 여겼던 모든 순간이 기적의 연속이었음을 느낀다.

죽음은 슬픔과 상실로 다가오지만, 거기에는 삶을 비추는 거울이 숨어 있다.

죽음을 마주한 자만이 삶을 얼마나 뜨겁게 안아야 하는지 배운다.

우리가 언젠가 죽는다는 사실은 오늘을 살아갈 용기가 된다. 망설이던 말을 전하고 주저하던 사랑을 꺼내고 미뤄둔 꿈을 다시 펼치게 만드는 힘, 죽음은 끝이 아니라 삶을 일깨우는 시작일지 모른다.

장막 帳幕은 언젠가 우리 모두의 앞에서 걷힐 것이다.
하지만 그날이 오기 전까지 살아야 한다.

"잘 살아야 한다."

울고 웃고 사랑하고 떠나보내고 기억하고 다시 걸어가는 모든 여정을 하루하루 진심으로 살아야 한다. 그것이 어쩌면 삶과 죽음 사이에서 남길 수 있는 가장 아름다운 흔적일 것이다.

지금, 성숙해지는 중

사람은 누구나 고통을 피하고 싶어 한다. 고통은 무겁고 아프고, 때론 숨쉬기 어려울 만큼 깊다. 하지만 아이러니하게도 우리가 성숙한 사람으로 다듬어지는 순간은 어둡고 추운 골짜기를 지날 때이다.

고통은 인격의 조각칼이다. 거칠고 날 것 그대로인 무절제와 욕망 그리고 남을 해치고도 정당화하려는 교만한 본성을 차갑고 날카롭게 잘라낸다. 무엇이든 쉽게 얻는 삶에는 방심이 자라고 실패를 모르는 마음엔 오만이 깃든다. 슬픔이 없는 자리는 공감의 언어가 말라가고 눈물이 마른 영혼엔 누군가를 품을 여백이 없다. 하지만 고통은 우리로 하여금 멈춰 서게 하고 돌아보게 한다.

나의 말이 누군가에게 얼마나 날카로웠는지
나의 욕망이 얼마나 많은 이를 지치게 했는지
고통은 조용히 속삭이며 일깨운다.

인내는 고통의 시간을 견디는 동안 태어나고, 절제는 고통에 무릎 꿇을 때 자라며 겸손은 고통 앞에서 연약한 존재임을 깨닫는 순간 싹을 틔운다. 그러니 고통은 무너뜨리기 위한 것이 아니다. 그것은 우리를 더 단단하고 깊은 사람으로 만들어 타인의 아픔을 알아차리고, 세상의 부조리에 눈감지 않으며 사랑과 진실로 살아가게 하는 비밀스러운 은총이다.

고통 없는 인격은 없다. 진짜 성숙한 사람은 아파본 사람이다. 상처를 품되 그것에 휘둘리지 않고, 그 안에서 빛나는 사람이 어른이다. 오늘도 어딘가에서 고통 속에 있는 당신, 지금의 아픔이 언젠가 누군가를 안아줄 수 있는 따뜻한 손길이 되길 바란다.

# 하루라는 이름의 별

어제, 숨을 거둔 이가 마지막으로 부르짖었던 소망
하루만 더, 한 줌의 빛이라도 더 누리고 싶었던 그들
그리고 그들이 그토록 바라던 하루를
우리는 무심히 받아 안고 있다.

흘러가는 구름을 멍하니 바라보며 텅 빈 시간 위에 하염없이 발자국을 찍는다. 허공에 흩어지는 숨결처럼 아무것도 남기지 못한 채 하루를 흘려보낸다. 고대 그리스 비극 시인 소포클레스 Sophocles, 496 BCE 生은 속삭인다.
"하루면 모든 것을 무너뜨릴 수 있고, 다시 세울 수도 있다."

하루는 작지만 거대하다. 하루는 씨앗이다. 그 안에는 슬픔도 기쁨도 후회도 희망도 있다.

아직 이름조차 갖지 못한 수천 갈래의 가능성이 숨 쉬고 있다. 한줄기 눈물이 어떤 이의 삶을 구원할 수 있고, 한 번의 분노가 모든 것을 잿더미로 만들 수 있다. 하루는 절벽 끝에 선 새벽이다. 한 발짝 나가면 추락할 수 있고 또 다른 세상을 만날 수도 있다. 하루는 잠든 운명이다. 아직 깨어나지 않은 선택들이 손끝에서 미약하게 꿈틀거린다.

나는 거대한 가능성의 바다 앞에서 어떻게 숨 쉴 것인가?
시간을 탕진하는 방랑자가 될 것인가?
아니면 작은 씨앗을 심는 조용한 정원사가 될 것인가?

바람이 지나간다. 어디선가 종소리처럼 들려온다.
'모든 가능성이 잠들어 있는 하루'

"너는 무엇을 깨어나게 할 것인가?"

조심스레 마음을 다잡는다. 구겨진 의지 意志를 펴고 작은 소망을 쥐고 오늘이라는 별을 향해 걸어간다. 오늘 하루, 잊히지 않는 숨결이 되길, 어제 죽어간 이들의 소망 위에 나의 작은 빛이 닿기를 소망한다.

 ## 나의 변화

"아무것도 변하지 않을지라도 내가 변하면 모든 것이 변한다."
프랑스 소설가 발자크 Honoré de Balzac, 1799 生 의 어록이다.

삶이 답답하게 느껴질 때가 있다.
주변 사람도 환경도 반복되는 하루도
도무지 달라질 기미가 보이지 않을 때 한숨을 쉰다.

"왜 아무것도 변하지 않는 걸까."

하지만 발자크는 말한다.
"내가 변하면 모든 것이 변한다."

그 말은 닫힌 창문 틈 사이로 스며든 바람 같다.

창밖 풍경은 그대로지만 바람이 불어오자, 커튼이 흔들리고, 공기가 바뀌고 내 맘도 가볍게 움직이기 시작한다.

"그렇다."

변화는 언제나 밖에서 시작되는 것이 아니라 안에서 피어난다. 내가 한 걸음 물러서면 보이지 않던 남의 마음이 보이고 고개 들면 회색 하늘 위의 빛이 보인다. 용기를 내어 미소 지으면 세상은 조금 더 따뜻해진다. 우리는 세상을 바꾸는 법을 몰라 주저하지만 가장 강력한 변화는 내가 바뀌는 순간부터 시작된다.

내 시선이 내 마음이 내 태도가 바뀌면 세상은 전혀 다른 얼굴을 보여준다. 내가 조용히 달라지면 고요한 변화를 따라 세상도 서서히 달라지기 시작할 테니까, 오늘도 변하지 않는 것들 앞에서 무력해질 필요 없다.

6장 ★ 혼자여도 외롭지 않게

혼자 시간이 꼭 외로운 건 아닙니다. 창밖을 멍하니 바라보다 흘러가는 구름에 말 걸어보고, 커피잔 위로 피어오른 김에 마음을 얹어봅니다. 소음이 사라진 자리엔 내 숨소리가 들리고, 침묵 속에서 마음이 조용히 말을 건넵니다.

혼자 있는 오늘은 가장 솔직히 나를 만나는 시간인지도 모릅니다. 누가 곁에 있지 않아도 등을 다독이는 바람이 있고, 손을 잡아주는 햇살이 있습니다. 세상에 둘도 없는 친구가 있다면 그건 내 곁에 있는 '나'라는 사람일 것입니다.

"혼자여도 괜찮습니다."
고요한 마음으로 나를 안아줄 수 있다면
그건 외로운 시간이 아니니까요.

 ## 중독이라는 이름의 습관

우리는 말한다.
"고치고 싶은 습관이 있다."

하지만 되풀이되는 행동 앞에서 진심이 흔들린다.
"정말 그것을 하고 싶은 걸까?"

나쁜 습관은 습관이라는 이름으로 포장한 중독 中毒이다. 그것은 무심코 반복되는 행위가 아니라, 내 안의 갈망과 결탁한 은밀한 쾌락이다. 겉으로는 괴롭다고 말했지만, 속으로는 포기하지 못했다. 왜냐하면 그것은 슬픔을 덮어주고, 불안을 잠시나마 잊게 해주고 공허함을 그럭저럭 채워주는 익숙한 방패이기 때문이다.

네덜란드 태생 성직자 에라스뮈스 Desiderius Erasmus, 1466 生은 말했다.
"자라나는 손톱이 먼저 생긴 손톱을 밀어내듯 나중에 생긴 버릇이 앞선 버릇을 정복한다."

그렇다면 답은 명확하다. 예전의 나를 없애려 하지 말고 새로운 나를 자라나게 해야 한다. 중독은 중독으로 이겨낸다. 파괴적 중독은 건설적 중독으로 치유될 수 있다. 나쁜 습관을 몰아내는 건 절제가 아니라 더 매력적인 '좋은 중독'이다.

책을 읽는 중독, 걷는 중독, 마음 챙김에 빠지는 중독
사랑하고 성장하려는 욕망에 스며드는 중독

무언가에 사로잡히는 인간의 본성은 부끄러운 것이 아니다.
다만 무엇에 사로잡힐 것인가? 이 선택이 인생을 바꾼다.

오늘 내 안에 새로운 손톱을 자라게 하자.
그리고 조금씩 아주 조금씩 낡은 습관을 밀어내자.

 ## 움직이지 않는 돌

어떤 돌은 아득히 무겁다. 손을 얹으면 차가운 절망이 전해지고 온 힘을 다해 밀어도 꿈쩍조차 하지 않는다. 세상의 모든 무게가 돌 하나에 실려 있는 듯하다.

우리는 그런 순간을 살아간다. 마음속 깊은 곳에서 "안 된다"라고 메아리치는 허무 虛無를 견디며 어디서부터 손대야 할지 모른 채 서성일 뿐이다.

오스트리아 빈 태생 철학자 비트겐슈타인 Ludwig Wittgenstein, 1889 生은 조용히 속삭인다.
"움직이지 않는 돌을 억지로 옮기려 하지 말라. 대신 주변의 작은 돌부터 움직여라."

가장 무거운 돌을 처음부터 들어 올리려는 것은 별을 손으로 잡으려는 것과 같다. 별은 잡을 수 없지만 별빛 아래 작은 풀 한 포기는 심을 수는 있다. 삶의 무게도 그렇다. 거대한 벽을 부수려는 망치질 대신 오늘의 한 걸음, 작은 결심, 손짓 하나가 오래 묻혀 있던 세상을 흔든다. 작은 돌을 하나 옮긴다. 그리고 또 하나.

처음엔 아무것도 변하지 않는 것처럼 보여도 주변은 조금씩 비워지고, 흙먼지가 일어나고, 공기의 흐름이 바뀌기 시작한다. 바람은 미세한 흔들림에서 태어나고 강江은 눈에 보이지 않는 실개천에서 시작된다. 세상을 바꾸는 일은 언제나 연약한 움직임에서 비롯된다. 그러니 움직이지 않는 돌 앞에 선 당신이여 절망하지 마라. 거대한 것을 꺾으려 애쓰기보다 그것이 풀 한 포기일지라도 먼지 쌓인 조약돌 하나일지라도 지금 손이 닿는 작은 것을 움켜쥐라.

작은 시작은 거대한 운명의 침묵 속에서 먼저 울리는 첫 노래다. 그리고 언젠가 누구도 움직일 수 없다고 믿었던 돌조차 당신이 쌓아 올린 작은 변화 앞에서 무너져 내릴 것이다. 위대한 변화는 미미한 움직임으로부터 시작된다.

바로 지금, 바로 여기

 ## 감정의 문을 여는 손잡이

마음의 날씨에 따라 움직인다. 햇살이 비추면 세상이 가볍고, 구름이 드리우면 온몸이 무거워진다. 감정이 우리를 지배한다고 믿는다. 기분이 좋아야 움직일 수 있고, 기분이 나쁘면 가만히 있어야 한다고 생각한다. 하지만 미국 철학자 제임스 William James, 1842 生은 말한다.
"행동은 감정을 따르지 않는다. 행동과 감정은 나란히 걷는다. 그러니 행동을 바꾸면 감정도 따라온다."

이 말은 오래된 시계 속 작은 태엽 하나를 건드는 손길 같다. 조용히 움직이기 시작하면 침묵하던 마음의 시계도 다시 똑딱인다. 지금 어둠 속에 갇혀 있다면 먼저 불을 켜보자. 기분이 밝아질 때까지 기다리지 말고, 스위치를 켜는 손짓 하나로 어둠에 빛을 들이자.

눈물이 고일 땐 차를 끓여 보자. 몸을 일으켜 창을 열고, 햇살이 스며드는 자리에 우선 앉아 보자.

"슬픔이란 손님은 문을 열고 나가는 법을 모른다."
"우리가 먼저 움직여 문을 열어주어야 한다."

입꼬리를 올리면 처음엔 어색해도 얼굴이 웃는다는 사실에 마음이 놀란다. 놀라움이 다시 미소를 만든다.

우리가 할 수 있는 작은 움직임. 그것이 마음을 바꾸는 큰 열쇠다. 움직임은 희망의 씨앗이고, 행동은 씨앗이 뿌리내리는 시작이다.

마음은 늘 늦게 온다. 하지만 우리를 저버리지는 않는다. 그러니 오늘도 가라앉은 마음을 끌어올리려 하지 말고 작은 행동 하나를 먼저 시작하자. 감정의 문은 우리의 손끝에서 열릴지 모른다.

 # 먼 별을 향해 걷는 법

미국 작가 지글러 Zig Ziglar, 1926 生은 말했다.
"장기 목표를 가져라."

미래를 설계하라는 말이 아니다.
오늘을 견디는 힘에 관한 얘기다.

사람은 누구나 언젠가 지친다. 반복되는 일상에 지치고 예상치 못한 실패 앞에 무너진다. 그럴 때마다 우리를 일으켜 세우는 건 지금 손에 쥔 작은 성과가 아니다. 아직 도달하지 못했지만 분명 존재하는 '꿈'이다.

장기 목표는 밤하늘의 별 같다. 당장은 닿지 않지만, 별이 있다는 사실 하나로 길을 잃지 않는다.

비바람이 몰아쳐도 주변이 온통 어두워도 멀리 반짝이는 빛 하나로 한 걸음 더 내디딜 수 있다.

지글러는 말했다.
"인생이 바뀌길 원한다면 먼 미래를 생각하라."

오늘의 작은 일에 이유가 생기고 지금 고단함마저도 잊게 만드는 힘. 그것이 장기 목표가 가진 마법이다.

그러니 당신의 가슴속에도 세상이 아직 모르는 별 하나가 있다는 걸 잊지 말자. 별이 이끄는 방향으로 오늘도 묵묵히 걸어가고 있다면 올바른 길 위에 있다.

성공의 첫 조각

미국 소설가 트웨인 Mark Twain, 1835 生은 말했다.
"성공의 비결은 질리도록 복잡한 일도 감당할 수 있을 정도의 작은 조각으로 나눠 첫 조각부터 시작하는 데 있다."

우리는 너무 멀리 있는 목표 앞에서 걸음을 멈춘다. 산은 너무 높고 길은 너무 멀며 해야 할 일은 눈앞을 가득 메운다. 모든 것이 지금 나로선 감당할 수 없을 것처럼 느껴진다. 하지만 그때 필요한 건 용기가 아니라 단순화다.

하나의 산을 오르는 일도 결국 한 걸음 또 한 걸음의 축적 蓄積이다. 마크 트웨인의 말처럼 복잡한 일은 작게 쪼갤 수 있다.

이렇게 생긴 조각은 지금의 나도 감당할 수 있는 작고 명확하고 구체적인 것이 된다. 그리고 가장 작은 조각부터 시작하면 길은 열린다.

거대한 목표를 꺼내어 종이 위에 펼쳐 놓자. 그리고 그걸 오늘의 내게 맞는 크기로 잘게 나누자. 하루에 한 페이지, 한 통의 전화, 하나의 정리. 그렇게 날마다 채우는 것이다.

물방울이 바위를 뚫듯 작은 일도 꾸준하면 위대한 결과로 이어진다. 복잡한 일일수록 단순하게 시작해야 한다.

지금 해야 할 한 가지는 무엇인가?
오늘 끝낼 수 있는 가장 작은 조각은 어디인가?

그것부터 시작하자.

성공은 거창하게 시작되지 않는다. 사소한 시작. 시작을 매일 반복하는 꾸준함 그리고 조각들이 하나로 이어지는 긴 여정 속에 있을 뿐이다.

단순화하라.
그것이 막막한 길을 걷는 가장 확실한 방법이다.

 ## 발소리

큰 사냥을 하기 위해선 내 발소리를 죽이는 법을 배워야 한다.
그 소리는 미세해 누군가 듣지 못할 수도 있지만 진짜 중요한
존재들은 언제나 그 소리에 먼저 반응한다.

짐승이건, 기회이건, 사람의 마음이건
조용히, 묵묵히

"말하지 말고, 설명하지 말고, 바람처럼 스쳐 가라."

당신의 존재는 소리 없는 결심으로만 증명되는 것이다.
사냥은 쫓는 것이 아니라 다가가는 것이다.

기척 없이, 욕심 없이 한 걸음, 한 걸음. 돌아보지 말고, 흔들리지 말고, 마음속 숲을 건너라. 때론 기다림이 사냥의 전부이기도 하다. 숨죽이고 엎드린 시간 속에서 가장 예리한 직감이 살아난다. 그 순간이 오면 당신의 손은 떨림 없이 날아들 것이다. 진정한 사냥꾼은 소리로 말하지 않는다. 침묵으로 증명한다.

그러니 오늘 세상에 당신 발소리를 남기지 말고,
사냥감을 향해 다가가라.

조용히
묵묵히
그리고 반드시

# 즐기는 자

"즐기는 자가 세상을 바꾼다."
이탈리아 예술가 다 빈치 Leonardo di ser Piero da Vinci, 1452 生의 어록이다.

일을 즐겁게 하는 자에게 세상은 끝없는 놀이터다. 하루는 기적처럼 흘러가고 고된 노력조차 기꺼운 모험이 된다. 그들은 의무를 넘어 삶 자체를 사랑하는 이들이다.

의무로만 살아가는 자에게 세상은 거대한 감옥이다. 해야 할 일은 짐처럼 무겁고 걸음마다 절망이 깃든다. 그들은 일어날 때마다 한숨을 내쉬고 잠들 때마다 어깨를 축 늘어뜨린다.

다 빈치는 속삭였다.
"천재도 즐기는 자를 이기지 못한다."

재능은 경이롭지만 즐거움은 영혼을 깨운다.
노력은 뛰어나지만 즐거움은 기적을 만든다.

몰입하고 빠져들고 웃으며 나가는 자
그들은 천천히 하지만 확실히 자신만의 별자리를 세상에 새긴다.

그러니 묻는다.
"오늘 무엇을 즐겁게 사랑하고 있나?"

의무로 채워진 하루를 살 것인가
설렘으로 빛나는 하루를 살 것인가

인생은 짧고 즐기는 자의 시간은 눈부시다.

# 당신의 각오

오스트레일리아 작가 매슈스 Andrew Matthews, 1957 生은 말했다.
"목표를 이루겠다는 각오가 얼마나 절실한지 보기 위해 우주는 우리를 시험한다."

어쩌면 우리가 겪는 수많은 시련과 고통은 진짜 원하는 것이 무엇인지를 묻고 있는 것인지 모른다.

우주는 질문한다.
"네가 바라는 그것이 얼마나 간절하니?"

그리고 대답은 말이 아닌
인내와 땀, 침묵 속에서 드러나기를 바란다.

길이 끊긴 것처럼 보일 때
주저앉고 싶은 밤이 반복될 때
모든 것이 나를 밀어낼 때

그때가 바로 우주가 마지막으로 묻고 있는 순간이다. 정말 이 길을 원하느냐고 끝까지 가보겠느냐고 물음에 대한 대답을 구하는 것이다.

흔들리더라도 조금만 더 참고 견디는 것
그 시간이 지나면 알게 된다.

아무 일도 없었다는 듯 시험은 사라지고 길은 다시 열린다. 더 깊어진 내면을 가진 너는 행복해질 것이다. 그러니 오늘 힘들다고 느낀다면 나에게 조용히 말해보자.
"조금만 더 참자. 내가 이 길을 원했고, 끝까지 갈 것이다."

우주는 목소리를 듣고 조용히 문을 열어줄 것이다.

# 성장은 재능을 이긴다

누구나 부러운 이름이 있다.
한 번 보면 잊히지 않는 '재능'

쉽게 이해하고 쉽게 해내며 누구보다 먼저 빛나는 사람들. 그들은 처음부터 준비된 사람 같다. 세상이 그들을 위해 조용히 길을 열어준 것처럼 보인다. 하지만 그들조차 일정한 수준에 도달하면 보이지 않는 벽에 부딪힌다.

천부적 재능이 멈추는 지점, 노력과 끈기만이 열 수 있는 문門이 있다. 그 문 앞에선 누구든 다시 시작해야 한다. 그러니 당신이 평범한 재능을 가졌다고 슬퍼할 이유는 없다.

다른 이가 두 걸음 걸을 때 당신은 열 걸음 걸어야 할지 모른다. 때론 멈추고 무릎 꿇고 다시 일어서야 할지도 모른다. 하지만 괜찮다. 중요한 건 속도가 아니라 포기하지 않는 당신의 방향이다.

조금 늦더라도 더디더라도 오늘 내디딘 한 걸음은 어제의 당신을 분명 넘었다. 어쩌면 당신은 천천히 자라는 나무일지 모른다. 남들보다 늦게 꽃 피우지만 그만큼 깊게 뿌리내리고 오래도록 흔들리지 않을 것이다.

그러니 자신을 믿어라.

당신의 시간은 아직 오지 않았을 뿐, 오지 않을 것이 아니다.

빛나는 '재능'은 찰나의 별빛이 될 수 있겠지만
'성장'은 밤하늘을 끝까지 비추는 은하수가 된다.

 어제 맨 끈

"세상에 태어나 좋은 생각을 한 번도 품지 않았던 사람은 없다. 그것이 지속되지 않았을 뿐이다. 어제 맨 끈은 오늘 허술해지기 쉽고, 내일은 풀어지기 쉽다. 나날이 결심을 여며라."
영국 사회학자 밀 John Stuart Mill, 1806 生의 일성 一聲이다

누구나 좋은 생각을 품는다. 더 나은 사람이 되겠다는 다짐, 어제를 반성하며 오늘을 다잡는 마음. 그 마음은 새벽녘 공기처럼 맑고 단단하다. 하지만 하루가 지나면 결심은 느슨해진다.

피곤한 몸, 반복되는 일상, 예상치 못한 일들

그 속에서 다짐은 조용히, 천천히 풀린다. 어제 단단히 묶은 끈이 오늘 헐거워지고, 내일은 어느새 풀어져 버린다.

밀은 말한다.
"결심은 한 번으로 끝나지 않는다. 매일 새로이 묶고 또 묶어야 한다."

좋은 생각이 있었던 날을 기억해 보자. 그때 우리는 얼마나 눈이 반짝였던가? 반짝임이 사라진 게 아니라 다시 묶어주길 기다리고 있었을 뿐이다.

당신은 오늘 어떤 마음을 품었나.
마음의 끈은 아직 단단히 매여 있나.

혹 느슨해졌다 해도 괜찮다. 지금 다시 조여주면 된다. 결심이란 한 번의 불꽃이 아니라 작은 불씨를 날마다 지켜내는 것. 오늘도 스스로에게 말해본다.
"나는 다시 묶을 수 있어. 느슨해졌을 뿐 다시 시작할 수 있어."

그렇게 날마다 내면을 한 겹씩 단단히 여며가는 것이다.

7장 ★ 기분이 구겨진 날엔

어느 날은 기분이 구겨진 셔츠 같습니다. 괜히 짜증 나고, 사소한 말에도 울컥합니다. 뭐든 잘해보려 했는데 결국 어긋난 날, 누군가의 무심한 한마디가 마음을 꾸깃꾸깃 접어버렸습니다.

그럴 땐 억지로 펴려, 애쓰지 않아도 됩니다. 가만히 두고 조금 구겨진 채 있어도 괜찮습니다. 하루쯤은 그런 날도 있는 거니까요. 바람에 널어두면 셔츠가 펴지듯 기분도 다시 매끈해질 겁니다. 찻잔 속 따뜻한 김처럼 서서히 풀리는 게 마음이니까요. 그러니 오늘은 느슨하게 나에게 너그러워져도 "괜찮습니다."

따뜻한 밥

사람들은 따뜻한 밥을 원한다. 김이 모락모락 나는 밥, 반찬과 잘 어울리는 갓 지은 흰쌀밥. 찬밥은 그보다 못하다는 인식이 있다. 누구나 더 좋은 것, 나은 자리, 편한 일을 갈망한다. 하지만 세상은 더운밥만을 내주지 않는다.

삼성그룹 회장 이건희 李健熙, 1942 生이 말했다.
"더운밥, 찬밥 가리지 마라. 그것조차 없는 것이 문제다."

그는 말이 많지 않았다. 하지만 짧은 말속에 현실을 꿰뚫는 통찰이 있었다. 대기업 회장임에도 세상 흐름을 두려워했고 변하지 않으면 죽는다는 절박함으로 평생 살았다.

어느 날 삼성그룹의 한 임원이 자리에서 밀려나자, 이 회장에게 찾아와 울분을 토했다.
"회장님 전 이제 찬밥 신세입니다."

그 말을 들은 이 회장이 이렇게 말했다.
"찬밥이 어디 있나? 더운밥이 아니라고 밥이 아닌가? 밥이 있다는 게 어디야. 밥이 없으면 굶어야 해."

순간, 임원은 말문이 막혔다. 밥이 있느냐 없느냐. 그것이 문제였다. 이 회장의 세계에선 체면보다 생존이 우선이었다. 더운밥이 아니어도 먹고살아야 했다. 찬밥이라도 주어진 일이라면 기꺼이 감당해야 했다. 그러다 보면 언젠가는 따뜻한 밥상으로 다시 올라설 수 있다는 것이 그의 믿음이었다. 그의 말은 오늘에도 유효하다. 세상이 각자에게 내주는 밥상은 다르다. 어떤 이는 찬밥, 어떤 이는 상다리가 휘는 더운밥을 받는다. 하지만 중요한 건 밥이 있느냐 없느냐가 아니라 밥을 어떻게 받아들이고 살아가느냐다. 우리는 인생의 어딘가에서 한 번쯤 찬밥을 받는다. 외면당하고, 뒤로 밀리고 이름 없는 자리에서 눈물을 삼켜야 할 때가 있다. 그럴 때 이 말이 다시 떠오른다.
"더운밥, 찬밥 가리지 마라. 그것조차 없는 것이 문제다."

찬밥을 삼킬 수 있는 사람만이 언젠가 더운밥 자리로 간다. 그곳은 어쩌면 찬밥을 견뎌본 자만이 앉을 수 있는 곳인지 모른다.

 망설임

삶은 언제나 강 하나쯤은 품고 있다.
"강은 넓고 깊고 냉정하다."

건너고 싶지만, 방법이 보이지 않을 때
망설임이란 짐을 어깨에 진 채로 강가에 멈춰 선다.

젊은 날 현대그룹 회장 정주영 鄭周永, 1915 生도 그런 강 앞에 섰다. 돈이 없다는 이유로 마음은 건너편을 향해 있었지만 발은 모래에 박혀 움직이지 못했다. 하루 종일 머뭇거리다 마지막 배에 올라타고 모기만 한 소리로 뱃사공에게 겨우 입을 떼었다.
"돈이 없습니다."

돌아온 건 따뜻한 이해가 아닌 싸늘한 뺨 한 대

그는 말했다.
"뺨 한 대 맞고 건널 줄 알았으면 아침 일찍 건너는 건데."

한 마디에 그의 인생이 고스란히 담겨 있다.
두려움은 순간이지만 건너지 못한 시간은 영원히 남는다.

배짱, 그것은 무모함이 아니라 망설임을 밀어내는 용기다.
자신감, 그것은 실패를 무릅쓰고 내딛는 첫걸음이다.

이후 정 회장은 인생의 강 앞에 늘 뺨 맞을 각오로 뛰어들었다.
그리고 그의 용기는 길이 되어 수많은 사람의 앞을 열었다.

우리가 지금 서 있는 곳이 아직 강가라면
조금 더 일찍 조금 더 당당하게 한 걸음 내디뎌 보자.

설령 뺨 한 대쯤 얻어맞더라도
건너간다는 사실만큼은 분명하니

개미의 의지

작고 연약한 존재, 개미
하지만 그 안에는 누구보다 단단한 의지가 숨어 있다.

어느 날, 폭우가 내리고, 개미가 오랜 시간 정성껏 지은 집이 산산이 무너져 내렸다. 한순간에 무너진 터전 앞에서 개미는 울지도 화내지도 않았다.

그가 먼저 한 일은 하나. 집을 다시 짓기 위한 재료를 모으는 것이었다. 돌멩이를 굴리고, 나뭇잎을 물고 땀방울 같은 빗방울 사이로 묵묵히 발을 옮겼다.

개미는 무너졌다고 끝이 아니며
다시 시작하는 용기만이 진짜 강함이라는 것을 안다.

우리도 작은 실패 앞에서 무너진다.

누군가의 말 한마디에
예상치 못한 일에
스스로에 대한 실망에
삶의 집이 무너진 듯 느껴질 때가 있다.

그럴 때 개미를 떠올리자.
조용히 재료를 모은 한 마리의 개미

긍정은 거창한 희망을 외치는 것이 아니라 무너진 자리에서 다시 손을 뻗는 힘이다. 자신감은 내가 잘할 수 있다는 확신이 아니라 비록 잘못하더라도 다시 해볼 수 있다는 믿음이다. 무너진 자리에서 다시 시작할 수 있다면 할 수 있다. 그리고 언젠가 그토록 힘들게 다시 지은 집 속에서 알게 될 것이다.

진짜 집은 밖에 세워진 것이 아니라
내 안의 믿음 위에 지어진 것임을

 ## 반짝이는 눈을 가진 사람

1974년 미국 정부는 자유의 여신상을 수리했다. 자유와 희망의 상징, 수많은 이민자가 바라보던 거대한 형상. 그 아래엔 시간에 닳고 녹슬어 떨어져 나온 조각들이 쌓였다. 녹슨 철판, 낡은 못, 쓰임을 다한 금속들. 사람들은 그것을 '폐물'이라 불렀다. 가치 없는 쓰레기라 여겼다. 하지만 한 유대인은 달랐다. 그는 쇳조각들을 바라보며 생각했다.
"이건 자유의 여신상에서 떨어져 나온 시간이 깃든 금속이다."

그는 누구도 거들떠보지 않던 폐물을 헐값에 샀다. 그리고 그것을 녹였다. 녹은 금속으로 자유의 여신상을 본뜬 작은 모형과 기념품들을 만들었다.

사람들은 몰려들었다.

"이건 진짜 자유의 여신상에서 나온 금속이래."
"이건 시간이 만든 조각이야."

작은 조각은 더 이상 폐물이 아니었다. 얘기를 품은 상징이 됐고, 가치를 만들었다. 1년 후, 그는 폐물을 산 가격의 만 배를 벌었다. 그리고 세상은 또 한 번 무엇을 갖고 있느냐보다 무엇을 볼 수 있느냐가 중요하다는 것을 깨달았다.

많은 사람들이 주머니 속 동전을 센다. 오늘 내가 가진 것, 내게 부족한 것, 남과 비교되는 숫자들. 하지만 기회를 보는 사람은 눈앞의 숫자보다 마음속 상상을 믿는다. 녹슨 쇠붙이 하나를 황금보다 빛나는 얘기로 바꿀 수 있는 사람이다.

성공은 즐기는 사람에게 온다. 작은 모형 하나를 만들면서도 자유를, 희망을, 시간의 깊이를 느끼는 사람. 그는 돈이 아니라 기회를 일로 만들고 고된 순간을 즐거움으로 바라본다. 당신 앞에도 어쩌면 누군가 지나쳐버린 녹슨 자유의 여신상이 놓여 있을지 모른다. 그걸 쓰레기로 볼지, 새로운 시작의 재료로 볼지는 당신의 눈에 달려 있다.

세상은 묻는다. "너는 무엇을 가지고 있니?"
하지만 더 중요한 질문은 이것이다. "너는 무엇을 볼 수 있니?"

# 물러서지 말자

싸우다 죽을 수도 있다. 그건 두려운 일이다. 칼날 같은 현실 앞에서 살아남기 위해 본능적으로 움츠린다. 달아나면 당분간 살 수 있다. 숨을 고르고, 시간을 벌고, 상처를 피할 수 있다. 하지만 살아 있다는 것이 단지 숨만 쉰다는 뜻이라면 삶은 온전한 것일까?

마음이 말했다.
"여기서 물러서지 말자. 너는 네가 믿는 것을 위해 싸워야 한다."

한 마디가 가슴속에 불씨를 지폈다.
불은 작지만 쉽게 꺼지지 않았다.

우리는 외부의 소음에 귀를 기울이느라 내면의 외침을 외면한다.

'다음 기회에 하자'
'아직 준비되지 않았어'

그럴싸한 이유는 자신을 설득하기 위한 핑계에 불과하다. 하지만 정작 후회는 모든 핑계를 무릅쓰고 용기 내지 못한 순간에서 비롯된다. 심장이 떨릴 만큼 두려웠던 그때, 머리가 아닌 가슴의 선택을 따르지 못했을 때 뒤늦게 깨닫는다.

그 선택이 내 인생의 가장 진실한 장면이었음을
무대에서 내가 퇴장한 순간 삶의 서사는 방향을 잃었다는 것을

그래서 싸움은 때론 죽음보다 더 강한 의미가 있다. 그것은 나를 지키기 위한 투쟁이고 진실을 향한 발버둥이며 후회를 피하기 위한 단 하나의 방법이다.

살기 위해 도망치는 삶보다 죽을 각오로 나서는 삶이
오히려 더 살아 있다고 말할 수 있는 이유다.

마음이 울릴 때 그 소리에 귀 기울여라.
그것이 너를 가장 먼 곳까지 이끌 것이다.

 덥석, 운명

행운은 예고 없이 찾아온다. 기회는 종소리도 없이 바람처럼 스친다. 그것은 어둠 속에 번쩍이는 섬광이다. 한순간 모든 것을 밝히고 아무 일도 없었던 듯 사라져 버린다. 그 찰나를 우리는 '순간'이라 부른다.

순간을 붙잡는 이를 '행운의 사람'이라 부른다. 하지만 진실은 섬광을 본 사람 모두가 기회를 얻는 게 아니다. 순간 움츠린 이의 손끝엔 아무것도 남지 않는다. 망설임은 가장 냉혹한 적이다.

'지금은 아닐지도 몰라.'
'조금만 더 기다려보자.'

조심스러움이 얼마나 많은 기회를, 얼마나 많은 사랑을, 얼마나 많은 인생의 전환점을 놓치게 했던가.

기회는 꽃이 아니다.
향기를 맡고 조심스레 다가가 꺾을 수 있는 것이 아니다.

기회는 짐승이다.
눈을 번뜩이며 도망치는
단 한 번, 단 한 방향으로만 달리는 야생의 짐승

그래서다.
행운을 만나거든 기회의 뒷모습이 보이거든

'냅다, 덥석'

두려움도 체면도 내던지고 온몸으로 달려가 안아야 한다. 순간 흙탕물이 튈 수 있고 비웃음을 살 수도 있다. 하지만 그런 상처쯤은 아무렇지 않다. 무릎이 까지더라도 손에 흠집이 나더라도 기회를 껴안은 사람만이 다음 문을 연다.

세상은 말한다.
"신중하게 생각해라"
"준비가 됐을 때 움직여라."

하지만 기회는 어떤 준비도 기다려주지 않는다. 그것은 시험도 예행연습도 없는 무대다. '행동'만이 답안지다. 그래서 당신이 지금 망설이고 있다면 인생은 눈앞의 순간으로 결정된다는 것을 기억하라. 지금, 이 순간 모든 것을 걸어도 좋을 만큼 간절한 것이 있다면 주저하지 마라.

냅다, 덥석 몸을 던져라.

왜냐하면 기회는 다시 오지 않기 때문이다. 그리고 진짜 행복은 조심스럽게 다가온 이가 아니라 겁 없이 뛰어든 이의 품에 안기기 때문이다.

떨어지지 않은 사과

태풍이 지나간 아오모리의 들녘엔 떨어진 사과가 가득했다. 바람은 잔인했고, 나무에서 삶을 키워가던 사과들 대부분을 앗아갔다. 수확을 기다리던 이들의 마음까지도 함께 흔들어 놓았다. 그런데 모두가 떨어졌다는 밭 한가운데 끝내 가지를 붙잡고 있던 단단한 사과 몇 알이 있었다. 흔들리고, 비에 젖고 바람에 시달리면서도 끝내 떨어지지 않았던 고집스러운 생명들. 그 사과들이 열 배의 값으로 팔리고 있었다.

사람들은 말했다.
"태풍에도 떨어지지 않은 사과라니 대단하네."
"역경 속에서 살아남은 사과니까 더 값지지."

그렇게 낙과 落果 속에서도 한 줄기 빛이 피어났다.

삶도 그렇다. 예상치 못한 태풍이 모든 걸 앗아갈 때가 있다. 계획도 노력도 쌓아온 시간도 바람처럼 휘몰아치고 사라져 버릴 때 어쩌면 무기력하게 주저앉을 수밖에 없다. 하지만 바로 그 순간 남은 단 하나의 '떨어지지 않은 사과'를 바라볼 수 있다면 다시 일어설 수 있다. 그것은 희망이 될 수도 있고 사랑이 될 수도 있으며 '지금까지 살아낸 나'라는 존재일 수도 있다.

현실은 때로 너무 거칠고 냉혹하다. 하지만 현실을 '다른 시선'으로 바라볼 수 있는 사람은 떨어지지 않은 사과처럼 빛난다.

바람 속에 흔들리면서도 꿋꿋이 존재하는 것
떨어지지 않은 사과는 고통 속에서 피어난 믿음이자
시련 속에서도 지켜낸 가능성이다.

오늘 내 안의 '떨어지지 않은 사과'를 바라본다. 그것이 우리를 다시 걷게 하고 웃게 한다. 그리고 그 사과처럼 세상의 바람 속에서도 살아갈 수 있음을 믿는다.

# 재물의 지혜

조선 후기 실학자 이익 星湖 李瀷, 1681 生은 '성호사설'에서 이렇게 말했다.
"부지런하면 재물이 생기고 아끼면 궁핍하지 않다."

이 말은 여전히 살아있는 지혜다.

새벽이슬을 밟으며 시작된 하루, 묵묵히 일한 손끝에서 조금씩 모인 재물은 많지 않아도 마음을 풍요롭게 한다. 그리고 아낌은 지나친 욕망을 멈추는 지혜이며 가지지 못한 것보다 이미 가진 것을 헤아리는 능력이다.

남들이 화려한 길을 걸어도 나는 내 속도대로 걸음을 따라간다.

길 끝에 다다르면 화려하진 않아도 단정한 삶이 기다리고 있음을 안다.

바람은 나무를 흔들지만, 뿌리 깊은 나무는 쓰러지지 않는다.
부지런함은 뿌리를 내리는 일이고 아낌은 뿌리를 단단히 하는 일이다.

성호의 말은 우리에게 전한다.
"크게 가지려 애쓰기보다 성실히 걷고 조심히 살피라."

그런 삶은 궁핍하지 않다.
조용한 충만함으로 하루를 가득 채운다.
당신은 지금 성숙해지는 중이다.

 ## 믿지 못하는 자의 슬픔

거짓말은 먼저 세상을 속이고 다음엔 나를 속인다.

처음에는 작았다. 작은 이익을 위해 실수를 감추기 위해 두려움을 덮기 위해 입술 위를 스친 거짓이었다. 하지만 거짓은 거짓을 낳고 또 다른 거짓을 부르고 결국 자신마저도 믿지 못하게 만든다.

아일랜드 출신의 문학인 쇼 George Bernard Shaw, 1856 生은 말했다. "거짓말쟁이가 받는 가장 큰 형벌은 다른 사람으로부터 신임을 받지 못하는 것이 아니라 자신이 아무도 믿지 못한다는 슬픔에 빠지는 데 있다."

신뢰는 하루아침에 주어지는 것이 아니다.

한 줌의 진심, 한 줌의 용기로 조심스럽게 쌓아야 하는 유리 탑이다. 하지만 한 번의 거짓은 탑을 단숨에 무너뜨린다. 아직 무너지지 않은 탑조차 자신의 마음속에서는 금이 간다. 거짓말쟁이는 타인의 신뢰를 잃기 전에 먼저 자신의 마음부터 잃는다.

아무도 믿을 수 없는 세계
누구의 말도, 누구의 미소도
심지어 자신의 약속조차 의심스러운 세계

그곳은 외롭다. 얼어붙은 숲처럼 가로등 없는 거리처럼 남들이 자신을 믿지 않는 것은 아프다. 하지만 자신이 자신을 믿지 못하는 슬픔은 더 깊고 아프다. 진실은 때론 버겁다. 상처를 남긴다. 하지만 진실은 우리 안에 따스한 불을 지핀다.

믿을 수 있는 단 한 사람, 자신을 잃지 않게 해야 한다.
그러니 거짓의 유혹이 손짓할 때마다 기억하라.

진짜 형벌은 남들의 불신이 아니라 자신의 영혼이 무너지는 일이다. 거짓은 세상을 속이지만 진실은 내 영혼을 지킨다.

 # 한 명의 거부와 오백 명의 빈자

영국 자유주의 경제학자 스미스 Adam Smith, 1723 生은 '국부론'에서 말했다.
"한 명의 거부를 위해선 오백 명의 빈자가 필요하다."

이 말은 세상의 구조를 비추는 거울이다. 찬란한 저택의 불빛 아래엔 불 꺼진 골목이 있고 값비싼 한 끼 식사 뒤엔 굶주린 하루를 넘기는 이들이 있다.

우리는 성공을 찬양한다. 하지만 누군가 꼭대기에 오를 때 그 아래 무너져 내리는 수많은 계단이 있다는 것을 잊곤 한다. 부 富는 누군가의 노력을 통해 이뤄지지만, 부가 머무는 방식에는 질문이 필요하다.

"왜 어떤 이는 더 이상 가질 수 없을 만큼 가졌고 어떤 이는 기본적인 삶조차 위태로운 걸까?"

스미스의 문장은 오래된 경고다.
"거부 巨富의 호화로움 뒤에는 말없이 일하고 참고 견디는 오백 명의 삶이 있다는 사실을 잊지 말라."

우리가 추구해야 할 것은 더 많은 거부가 아니라 더 적은 빈자다. 불평등 위에 세운 탑은 언젠가 무너진다. 그러니 함께 살 수 있는 세상을 모두가 빛을 나눌 수 있는 내일을 상상해 본다. 상상이 행동이 되길 바란다.

8장 ★ 슬픔도 데워지면 따뜻해져

처음엔 차가워 손끝으로 만질 수 없던 슬픔이 있었습니다. 눈물로도, 말로도 녹지 않던 감정은 마음 한구석에 얼어붙은 채 오래 남아 있었습니다. 하지만 시간이 지나면서 슬픔을 꺼내 조용히 바라보는 법을 배웠습니다. 누군가에게 조심스레 묻고, 어떤 날은 혼자 그 얘기를 꺼내보기도 했습니다. 그렇게 슬픔이 냉장고 속 밥을 따끈하게 덥혀 먹는 것처럼 데워졌습니다.

슬픔이 완전히 사라지진 않았지만 이젠 그 안에서 따뜻함도 느낍니다. 그건 내가 잘 견뎌왔다는 증거입니다. 그러니까 너무 무서워하지 않아도 됩니다. 슬픔도 데워지면 따뜻해지거든요.

 ## 몸은 혼자 것이 아니다

캐나다 의료선교사 홀 William Nelson Edward Hall, 1827 生이 말했다.
"건강을 돌보라. 당신에겐 건강을 무시할 권리가 없다. 건강을 무시한다면 당신뿐 아니라 타인에게까지 짐이 될 것이다."

이 말은 하루 끝에 찾아오는 조용한 진실처럼 가슴에 내려앉는다.

우리는 건강을 뒷전으로 미룬다. 쉴 틈 없이 일하고 끼니를 대충 넘기며 "괜찮아, 이 정도쯤이야"라는 말로 자신을 달랜다.

하지만 몸은 무시당한 고통을, 지나친 무리를, 해소되지 않은 피로를 기억한다. 그리고 언젠가 무심함의 대가를 청구한다.

건강은 혼자만의 문제가 아니다.

나의 약함은 곁에 있는 사람들의 어깨를 무겁게 한다. 내가 무너지면 사랑하는 이들의 하루도 함께 흔들린다. 그러니 건강을 지키는 일은 자신을 아끼는 동시에 누군가를 위한 책임 있는 선택이다.

따뜻한 식사 한 끼
잠깐의 휴식
몸을 일으켜 걷는 시간

모든 것이 '나'와 '우리'를 지키는 작은 약속이다. 몸은 우리가 세상과 연결되는 첫 문이고 문이 닫히면 세상도 사랑도 멀어진다. 건강을 돌본다는 건 생명을 소중히 여기는 것이고 곁에 있는 사람들에게 "나는 너를 위해 오래 함께 있고 싶다."라는 사랑의 표현이다. 그러니 내 몸에게 말해보자.
"수고했어, 고맙다."

그리고 몸은 우리가 끝까지 함께 살아가야 할 가장 가까운 벗이니 조금 더 따뜻하게 조금 더 진심으로 돌봐주자.

 ## 책에서 시작된 기적

한 번쯤 묻는다.
나는 지금 이 자리에서 어디까지 갈 수 있을까?
내가 가진 조건으로 현실에서 정말 꿈꿀 자격이 있을까?

미국 작가 로빈스 Anthony Robbins, 1960 生은 고등학교 졸업장이 전부였다. 8년 동안 빌딩을 청소하며 생계를 이어갔다. 사람들은 그를 스쳐 지나갔고, 그의 이름을 기억하는 이는 없었다. 하지만 그는 세상을 향해 질문하는 대신 자신에게 물었다.
"지금 이 자리에서 내가 할 수 있는 일은 무엇인가?"

그의 선택은 '독서'였다. 책은 친구였고 스승이었으며 어두운 밤을 비추는 작은 등불이었다. 그는 시간 날 때마다 책을 읽었고 청소 도중에도 짧은 문장을 되뇌었다.

한 줄의 문장이 생각을 바꾸었고 하나의 사상이 인생을 뒤흔들었다.

누군가는 환경을 탓하고 운명을 원망했지만, 로빈스는 조용히 책장을 넘기며 자신의 내면을 다시 쓰고 있었다. 그리고 그렇게 고요한 시간이 쌓여 마침내 수백만 명을 움직이는 세계적인 동기부여 전문가가 됐다.

그는 말한다.
"기적은 거창한 무대 위에서 일어나는 것이 아니라 작고 평범한 일상에서 시작된다. 기적은 지금 당신 손에 들린 책 한 권에서 마음속 질문 하나에서 자라난다."

자신의 삶을 바꾸고 싶은가?
그렇다면 스스로에게 시간을 선물하자.

고요한 독서의 시간, 사유 思惟의 시간
그리고 나를 다시 발견하는 시간

로빈스처럼 누구에게나 시작은 있다. 지금 이 자리에서도 당신의 내일은 충분히 달라질 수 있다. 책 한 권이 미래를 바꿀 수 있다.

 **21일**

좋은 습관은 씨앗이다. 아직 싹도 틔우지 못한 작은 의지 하나가 어느 날 꽃이 되고 싶어 삶에 찾아온다. 하지만 꽃은 하루아침에 피지 않는다. 처음엔 어색하다. 몸이 거부하고 마음이 지친다. 늘 하던 대로가 편하다고 유혹이 속삭인다.

그럴 땐 기억해야 한다.
"습관이 몸에 스며드는 데는 단단한 '21일의 의식적 노력'이 필요하다."

매일 아침 같은 시간에 커튼을 걷고, 햇살을 맞이하는 행위처럼
하루에 한 문장이라도 적는 글쓰기처럼
작은 행동 하나하나가 쌓여 우리 안에 새로운 길을 낸다.

처음 7일은 결심의 시간
다음 7일은 흔들리는 마음과의 싸움
그리고 마지막 7일은
변화가 자리 잡는 시간이다.

그렇게 21일을 견뎌낸 습관은
더 이상 억지로 하지 않아도 되는 나의 일부가 된다.

아직 어색한 습관이 있다면 오늘도 어제처럼, 내일도 오늘처럼 꽃 피울 준비를 하자. 그렇게 21일 후 당신의 삶엔 조용히 피어난 한 송이 변화가 있을 것이다.

 # 시간의 보복

오늘 느끼는 쓰라림, 지독한 무게감은 아무도 모르게 흘려보낸 어제의 시간이 뒤늦게 보내온 청구서일지 모른다. 시간은 우리가 무심히 흘려보낸 하루하루를 절대 잊지 않는다. 그는 조용히 기록하고, 어느 날 우리가 삶의 고비에 이르렀을 때 빚을 거두러 나타난다.

미국 작가 힐 Napoleon Hill, 1883 生은 말했다.
"오늘 나의 불행은 언젠가 잘못 보낸 시간의 보복이다."

게으름으로 물든 아침, 의지 없이 저문 저녁. 미뤄둔 결심과 포기한 약속들이 오늘의 나를 조용히 갉아먹는다.

시간은 항상 공정하다.

한 치의 착오도 없이, 한 줌의 망각도 없이
우리가 쌓은 대로 거두게 한다.

그러므로 삶을 바꾸고자 한다면 먼저 오늘을 바꿔야 한다.
내가, 이 순간에 쏟은 성실이 내일의 기적을 키운다.

성실 또 성실
이는 거대한 도약이 아니라 조용한 한 걸음이다.
눈에 띄지 않는 꾸준함, 아무도 보지 않는 곳에서 뿌린 작은 씨앗

모든 것은 시간의 깊은 토양 속에서 언젠가 꽃을 피운다. 성실이란 성공을 보장하는 마법이 아니라, 넘어져도 다시 걷게 하는 신념이다. 조롱받고 잊히고 실패해도 다시 시작하게 하는 내면의 불꽃이다.

오늘을 헛되이 보내지 말자.
한순간이라도 소중히 하자.

왜냐하면 시간은 언젠가 반드시 내가 보낸 방식대로 나를 심판할 것이기 때문이다. 그리고 심판은 지금, 이 순간 내 성실함을 지켜보며 이미 시작되고 있다.

 ## 물의 지혜

물은 말이 없다. 하지만 침묵 속에 담긴 지혜는 모든 철학을 뛰어넘는다. 산을 만나면 돌고, 벽을 만나면 스며들며 때론 머무르기도 하지만 결국 바다로 향한다.

춘추시대 초나라 철학자 노자 老子, 571 BCE 生은 말했다.
"물은 자신 앞에 있는 모든 장애물에 대해 스스로 굽히고 적응함으로써 바다에 이른다."

강한 것만이 살아남는 세상이라지만 진정 강한 것은 유연한 것이다. 세게 맞서기보다 부드럽게 흐르는 것이 물의 방식이고 노자 철학이 말하는 삶의 지혜다.

삶은 때론 예상치 못한 방향으로 흐른다.

계획한 대로만 흘러가는 강은 없다. 뜻밖의 바위와 언덕은 언제나 우리를 시험한다. 이때 필요한 것은 힘이 아니라 유연히 흘러가는 마음이다. 적응하는 힘이 자유다. 삶이 변할 때 나도 함께 변할 수 있다면 운명이란 거센 파도조차 우리를 삼키지 못할 것이다. 굳어 있는 마음은 쉽게 부서지지만, 부드러운 마음은 어떤 충돌에도 다시 제 모습을 되찾는다.

유연함이 더 멀리 더 깊이 이끌어가는 보이지 않는 힘이다. 그러니 물처럼 자신을 잃지 않으면서도, 세상과 조화를 이루며 흐르고, 고이고, 굽이돌며 가자.

우리도 삶이라는 긴 여정을 지나 나의 바다에 이르게 될 테니

몸을 움직이겠다

무언가 이루고 싶다면 체력을 길러야 한다. 의지는 곧게 뻗은 나무처럼 보여도 뿌리가 약하면 작은 바람에도 흔들린다.

우리가 끝을 보지 못하고 중간에 무너지는 이유, 실수 하나에 흔들리고 상처 하나에 회복하지 못하는 이유는 의지나 재능이 부족해서가 아니다. 체력이라는 바탕이 약했기 때문이다.

체력이 약하면 마음도 약해진다. 참을성이 줄어들고 쉬고 싶어지며 편안함을 향해 도망치게 된다. 처음에는 '오늘 하루쯤'이라는 말로 자신을 다독이지만 하루가 이틀이 되고 이틀은 습관이 된다. 그렇게 목표로부터 조금씩 멀어진다.

마음먹은 일을 이루기 위해서는 체력이 필요하다.

책을 끝까지 읽는 데도
마지막 페이지를 써 내려가는 데도
한 걸음 더 나가기 위해서도 힘이 있어야 한다.

몸이 지치면 마음도 함께 지친다. 그러니 시간을 내어 몸을 돌봐야 한다. 잠시라도 땀을 흘리고, 근육을 움직이며 숨을 가쁘게 쉬어보자. 하루의 끝에서 느끼는 작은 성취가 쌓이면 어느 순간 마음도 강해지고 견디는 힘도 자란다.

체력은 몸의 능력이 아니다. 그건 마음을 붙들어 주는 끈이고 의지를 끝까지 유지하는 다리다. 지금 당신이 바라는 일을 이루고 싶다면 스스로에게 가장 따뜻한 약속을 건네보자.

"오늘도 몸을 움직이겠다."

다짐이 삶을 바꾸는 첫걸음이 될 것이다.

 # 모든 것을 걸어라

대부분의 사람은 자신이 가진 에너지와 능력의 25%만 세상에 내어놓는다. 그들은 그저 살아간다. 숨을 쉬고 일을 하고 하루를 견딘다. 하지만 심장의 불꽃은 끝내 타오르지 못한 채 어딘가 움츠러든 채 남아 있다.

세상은 50%를 쏟아붓는 이에게도 경의를 보낸다. 절반의 열정만으로도 절반의 진심만으로도 눈에 띄는 이들은 박수를 받고 길이 기억된다.

미국 철강왕 카네기 Andrew Carnegie, 1835 生은 말했다.
"위대한 것은 자신의 100%를 영혼의 가장 깊은 곳까지 쏟아붓는 소수의 사람 안에 깃들어 있다."

모든 것을 걸어라. 망설임 없이, 계산 없이 아낌없이 자신을 던져라. 넘어지고, 손에 쥔 모든 것이 부서질지라도 전부를 걸었던 자는 빈손이 아니다. 그들은 세상의 경계를 넘어 자신 안에 잠든 무한한 가능성을 깨운다. 마음을 다한 자의 눈빛은 다르다. 온몸을 던진 자의 발걸음은 흔들리지 않는다.

세상은 결국 그런 이들 앞에 머리를 숙인다.
성공 때문이 아니다.
그들의 살아 있는 온기에
뜨거운 진심에 경의를 표하는 것이다.

그러니 오늘 당신에게 묻는다.

당신은 얼마나 자신을 쏟아내고 있는가?
심장은 얼마나 불타오르고 있는가?
반만을 걸 것인가 아니면 전부를 걸 것인가?

가장 빛나는 순간은 두려움 없이 모든 것을 쏟아부었을 때 온다. 당신의 전부를 쏟아부어라. 그때 세상은 당신의 진짜 이름을 기억할 것이다.

# 악전고투

힘은 승리의 순간에 피어나는 것이 아니다. 찬란한 결승선 위에서 환호로 빛나는 영광 속에 만들어지는 것이 아니다. 진짜 힘은 어두운 곳에서 자란다.

길을 잃고 주저앉은 새벽
포기하고 싶어 주먹을 쥔 저녁
어디로 가야 할지 몰라 멈춘 한밤

미국 영화배우 슈워제네거 Arnold Schwarzenegger, 1947 生은 말했다. "힘은 이기는 데서 오지 않는다. 지금 당신이 겪는 악전고투 惡戰苦鬪가 힘을 키운다. 고난을 겪으면서도 포기하지 않겠다고 결단하는 것. 그것이 힘이다."

힘이란 넘어지지 않는 것이 아니라 넘어져도 다시 일어나는 것이다. 흙먼지를 뒤집어쓴 채 땀과 눈물로 얼룩진 채 다시 걷기로 결심하는 것. 비틀거리더라도 심장이 부서질 것 같더라도 멈추지 않겠다고 다짐하는 것. 그런 다짐이 쌓여 우리 안에 작은 성벽을 세운다. 벽돌 하나하나가 눈에 보이지 않는 힘이 된다. 고난이 없는 삶은 깊이도 단단함도 없다. 고난을 견디며 쌓아 올린 마음만이 강함을 품는다.

위기 속에서 울고 있는 너를, 그래도 다시 발을 내디디려는 너를 포기하고 싶은 순간마다 기억하라. 바로 그 순간, 이미 이기고 있다. 아무도 모르게 조용히 너는 너를 이기고 있다. 힘이란 남을 이기는 것이 아니라 어제의 나를 넘어서는 일이다. 그러니 오늘의 악전고투를 두려워하지 말자. 어둠은 나를 망치러 오는 것이 아니라 강하게 하러 오는 것이다. 악전고투는 나를 쓰러뜨리러 온 것이 아니라 내 안의 숨은 힘을 깨우러 온 것이다.

절대로 포기하지 마라.
주저앉지 마라.

고난 속에서 피어나는 당신의 힘을 믿어라.

# 천재라는 이름의 땀

사라사테 Pablo Martín Melitón de Sarasate, 1844 生은 19세기 스페인이 낳은 위대한 바이올리니스트다. 그는 말했다.
"37년간 하루도 빠짐없이 14시간씩 연습했다. 그런데 이상하게도 사람들은 나를 천재라 부른다."

사람들은 결과만을 본다. 무대 위 찬란한 음표, 관객의 기립 박수, 그의 손끝에서 쏟아지는 마법 같은 선율. 하지만 마법이 태어나기까지 견뎌낸 날들의 무게를 아무도 묻지 않는다.

재능은 타고나는 것이 아니라 매일의 땀방울로 빚어진다.

한 음, 한 박자, 한 곡

그는 끝없는 반복 속에서 자신을 깎고 또 깎았다. 무뎌지는 손끝에도 지쳐가는 어깨에도 포기하지 않는 혼 魂이 있었다. 천재란 꾸준함의 다른 이름이다. 누구보다 오래, 더 깊이 그리고 뜨겁게 사랑한 자만이 도달할 수 있는 지점이다.

혹시 지금 당신의 노력이 아무도 보지 않는 어둠 속에서 외롭고 초라하게 느껴진다면 기억하라. 어둠은 찬란한 불빛이 태어나는 대기실이다. 진짜 재능은 만들어지는 것이다.

매일의 땀으로
묵묵한 반복으로

사라사테처럼

# 아침은 언제나 느슨하다

아침은 언제나 느슨하다. 이불속은 너무 따뜻하고, 세상은 너무 차갑다. 해야 할 일은 늘 많고 하고 싶은 일은 너무 적다. 독일 작가 에버스 Horst Evers, 1967 生은 권한다.
"잠들기 전, 귀찮은 일 하나를 정하라. 그리고 눈을 뜨자마자 그것을 해내라."

작은 결심이 하루를 바꾸는 마법이 될 수 있다.

어제 미루어둔 설거지, 정리하지 않은 책상, 답장하지 않은 문자 한 통. 별것 아닌 그 일이 하루의 첫 단추가 된다.

이불 밖 세상과 타협하는 대신 스스로 정한 약속을 지키는 일.

단지 할 일을 해냈다는 성취가 아니라 '나는 내 하루를 선택할 수 있다'라는 조용한 선언이다.

시작이 달라지면 하루의 흐름도 달라진다. 귀찮은 일 하나를 이겨낸 순간 기분 좋은 에너지가 심장 깊숙이 퍼진다. 다른 누구도 줄 수 없는 스스로에 대한 신뢰와 존중이다.

우리는 거창한 계획보다 작은 실천에서 힘을 얻는다. 그리고 그런 힘은 게으름을 이기게 하고 마음을 바로 세우며 오늘을 살아낼 용기를 준다.

그러니 오늘 밤 사소하지만 귀찮은 일 하나를 떠올려 보자. 그리고 내일 아침햇살보다 먼저 그것을 끝내자.

작은 의식이 게으른 나를 깨우고, 잠들어 있던 활력을 확실히 불러올 것이다.

9장 ★ 눈물이 날 것 같을 땐

눈물이 날 것 같은 날은 누가 먼저 다가와 말 걸지 않기를 바랍니다. 어떤 따뜻한 말도 그 순간엔 눈물 뚜껑을 열어버릴 테니까요. "괜찮냐?"라는 말에 괜찮지 않다고 말하고 싶고, "힘내라"라는 말에는 왜 자꾸 나만 힘을 내야 하냐고 묻고 싶습니다. 그럴 땐 조용한 곳에 앉아 가만히 눈 감고 있어요. 눈물이 꼭 나쁜 것만은 아닙니다.

"참지 않아도 됩니다. 울어도 괜찮습니다."

소리 없이 젖은 눈가에도 햇살은 다시 비춥니다. 눈물이 날 것 같을 땐 그냥 울어요. 그게 당신이 당신을 가장 사랑하는 방법일지도 모르니까요.

# 작은 모서리의 부딪힘

사람과 사람 사이의 골은 거대한 이념 때문이 아니라 문득 스친 말투 하나, 서운함을 삼키지 못한 표정 하나에서 비롯된다. 프랑스 소설가 발자크 Honoré de Balzac, 1799生은 그것을 알고 있었다. "사람은 사상의 대립보다 성격의 충돌로 원수를 만든다."

우리는 너무 쉽게 상처를 주고 너무 늦게 후회한다. 진심이 아니었다고 말하고 싶지만 이미 돌아선 마음 앞에선 그 말마저 공허한 메아리일 뿐이다.

세상을 바꾸는 건 거대한 생각이지만 사람의 관계 약속을 지키는 건 작은 배려와 잠시의 참음이다. 사소함 하나가 원망의 불씨가 될 수 있고 이해의 다리가 될 수도 있다.

말 한마디, 눈빛 하나, 침묵의 길이마저도
때론 마음을 찢는 칼이 된다.

그래서 발자크는 조용히 경고한다.
"사소한 일로 원수를 만들지 마라."

한 걸음 물러서고, 한 번 더 들어주고, 한 번 더 미소 지을 수 있다면 후회할 일은 없다.

오늘 하루 내 안의 작은 모서리가 누군가를 다치게 하진 않았는지 돌아보게 된다. 성격은 서로 다를 수 있지만 마음은 닿을 수 있다.

믿음만은 놓치지 말자.

 ## 귀로 설득하는 법

말은 칼이 되기도 하고 다리가 되기도 한다. 우리는 설득하려고 말을 시작하지만, 상대는 정작 이런 말은 잘 듣지 않는다. 그러기에 진심이 오가는 대화는 먼저 귀를 여는 데서 시작된다.

미국 정치인 러스크 Dean Rusk, 1909 生은 말했다.
"타인을 설득하는 최상의 방법은 그 사람 말을 경청해 귀로 설득하는 것이다."

우리는 설득을 말의 기술이라 생각한다. 어떤 논리로 어떤 단어로 상대의 생각을 꺾고 내 편으로 끌어올지 고민한다. 하지만 진짜 설득은 말보다 귀로 이루어진다.

상대의 얘기를 끝까지 들어주는 일
숨은 감정을 놓치지 않고 들어주는 일
말의 의미 너머에 있는 두려움, 외로움, 자존심까지 끌어안는 일

그럴 때 상대는 마음을 연다.
방어의 갑옷을 벗고 조용히 속마음을 보여준다.

경청은 듣는 일이 아니다. 그것은 "당신의 말은 가치 있어요"라고 말없이 말하는 존중이다. 우리는 모두 이해받고 싶어 하고 누군가의 온전한 경청을 통해 비로소 자신을 열게 된다.

때론 침묵은 가장 설득력 있는 언어다. 말을 줄이고 귀를 열 때 말보다 깊은 곳에서 마음을 움직일 수 있다. 그러니 누군가를 설득하고 싶다면 입보다 귀를 먼저 내밀어라. 설득은 말의 전쟁이 아니라 이해의 여정이다.

말은 이성의 문을 두드리지만, 경청은 마음의 문을 연다.
진심은 그렇게 조용히 스며든다.

# 다정함에 대한 착각

때론 가장 아끼는 사람에게 가장 날카로운 말을 던진다. 늘 곁에 있을 거라 믿는 사람에게는 조심성이 느슨해지기 때문이다. '마음이 멀어질까?' 염려하지 않아도 되는 관계. 그런 믿음 위에 안도하며 우리는 이기적인 사람이 된다.
'어떤 경우라도 날 떠나지 않을 거야.'

이런 확신은 따뜻하면서도 잔인하다. 가장 가까운 사람에게 가장 먼저 짜증을 내고 쉽게 상처를 남긴다. 그리고 가장 늦게 후회한다.

친절한 사람은 조용히 참고 오래 머문다. 하지만 인내가 무한한 것은 아니다. 속 깊은 사람이 견뎌주는 시간 위에 우리는 무심코 상처를 쌓아 올리곤 한다.

누군가의 다정함은 당연한 것이 아니다. 마음이 부드러운 사람일수록 그 안엔 누구보다 조심스레 쌓아 올린 감정이 있다. 따뜻함은 자신을 수없이 다스려 온 사람만이 가질 수 있는 것이다.

그러니 기억하자.
믿음이 깊다고 함부로 해도 된다는 건 착각이다.
친절한 사람일수록 더 조심스럽게 대해야 한다.
사랑받고 싶다면 먼저 그런 사람을 소중히 여겨야 한다.

오늘, 항상 곁에 있어 준 이에게 따뜻한 말을 먼저 건네보자.
"고마워, 늘 내 옆에 있어 줘서."

이 한마디가 후회보다 앞서, 그들의 마음을 데운다.

설득의 두 가지

설득에는 두 개의 문 門이 있다. 하나는 "누구에게 말할 것인가?"의 문, 다른 하나는 '무엇을 말할 것인가?'의 문이다. 두 문이 동시에 열릴 때만 말은 사람의 마음 안으로 걸어 들어갈 수 있다.

가끔 결정할 수 없는 사람에게, 책임지지 않을 사람에게, 마음이 닫힌 사람에게 헛된 문을 두드린다. 그들이 고개를 끄덕인다 해도 그것은 공기와 같은 동의일 뿐 아무것도 움직이지 않는다.

진짜 설득은 방향을 아는 데서 시작된다.
말이 향하고 있는 눈이 아니라

그 사람이 누구인지 아는 것. 설득의 첫걸음이다. 다음 필요한 것을 말해야 한다. 내가 하고 싶은 말도 그가 듣고 싶은 말도 아닌 그가 진짜로 필요한 말을 찾아야 한다. 마음의 문은 논리가 아니라 공감으로, 강요가 아니라 필요로, 따뜻한 공기처럼 열려야 한다. 그렇게 말을 건넬 때 그의 세계는 조금씩 흔들리고, 흔들림 속에서 변화의 씨앗이 뿌려진다.

설득은 기술이기 전에 감각이다. 귀 기울이는 감각, 바라보는 감각 그리고 가장 깊은 곳에 건네는 인간적 다가섬이다. 설득은 마음과 마음 사이에 놓이는 다리다. 다리를 놓으려면 먼저 상대의 물가에 내 발을 디뎌야 한다.

당신은 지금 누구의 마음에 닿으려 하고 있는가?
그 사람은 당신의 말을 움직일 수 있는 사람인가?
그는 지금 무엇을 가장 필요로 하는가?

세 가지 질문에 답할 수 있을 때 당신의 말은 비로소 길이 된다.

# 되로 주고, 말로 받기

'걸리버 여행기'를 쓴 영국계 아일랜드 소설가 스위프트 Jonathan Swift, 1667 生은 하인과 함께 여행 중이었다. 점심시간, 조너선은 음식 1인분만을 시켰다. 그건 자신의 몫이었다.

하인이 물었다. "왜 혼자 드시나요?"
스위프트가 말했다. "어차피 또 배고플 텐데 뭐 하러 먹나?"

그로부터 며칠 후 스위프트는 하인에게 구두를 닦으라고 했다.
그러자 하인은 이렇게 대꾸했다.
"어차피 또 더러워질 텐데 뭐 하러 닦습니까?"

말 한마디가
조용한 울림으로, 날카로운 거울로 다시 돌아왔다.

일화는 누군가에게 던진 말이 어떤 모습으로 돌아올지를 묻는다. 되로 주면, 말로 받는다는 말은 앙갚음의 공식이 아니라 사람 사이 마음의 법칙이다.

고대 그리스 철학자 소크라테스 Socrates, 470 BCE 生이 말했다.
"개가 짖는다고 같이 짖을 필요는 없다."

무례에 무례로, 무시에 무시로
대응하지 말라는 뜻일지 모른다.

하지만 때론 이기심이 거울처럼 반사돼 자신의 모습을 그대로 보여준다. 세상은 우리가 내어준 만큼 준다. 조금 더 따뜻하게 주면, 따뜻한 것이 돌아오고 가벼운 농담조차 칼날처럼 던지면 차가운 침묵으로 되돌아온다. 그러니 오늘 하루 우리가 주는 말과 태도가 어떤 방식으로 세상을 향하고 있는지 들여다보자.

삶은 내가 던진 것이 되돌아와 내 마음을 두드리는 메아리다.

 # 한 자루의 촛불

그는 말을 매끄럽지 못했다. 귀는 닫혀 있었고 입은 한쪽으로 굳어 있었다. 사람들이 속삭였다.
"한 나라의 지도자가 언어장애라니 말이 되나?"

하지만 그는 조용히 마이크 앞에 섰다.
굳은 입술로 이렇게 말했다.
"나는 말을 잘 못합니다. 그래서 거짓말도 하지 못합니다."

그 말은 화려하지 않았지만 정직하고 단단했다. 한마디가 수많은 심장을 움직였다. 사람들은 처음으로 생각했다. 우리가 진정 필요한 지도자는 꾸며진 말이 잘하는 사람이 아니라 진실한 사람이 아닐까?

우리는 어둠 속에서 누군가의 큰 조명을 원한다. 하지만 어둠을 밝히는 데 필요한 건 찬란한 햇빛이 아니라 작고 따뜻한 초 한 자루다. 캐나다 총리 크레티앵 Jean Chrétien, 1934 生은 초 같은 사람이었다.

조명이 꺼진 방 안에서 세상이 외면한 사람들의 손을 잡아주던 사람, 당신의 삶엔 그런 초가 있었나? 당신이 넘어졌을 때 누군가 일으켜준 기억, 말없이 옆에 있어 주던 사람. 그리고 당신 스스로가 누군가에게 초가 되어본 적 있나?

세상은 큰 불꽃을 기억하지만
어둠을 견디는 힘은 언제나 작은 촛불에서 시작된다.

지금도 어디선가 말은 잘 못해도
마음을 다해 걷는 누군가가 조용히 묻고 있을지 모른다.

"내가 작은 초가 돼도 괜찮을까요?"

# 진심이 만들어낸 울림

미국 16대 대통령 링컨 Abraham Lincoln, 1809 生은 통나무집에서 태어나 고통스러운 실패와 상실을 겪었다. 하지만 천천히 그리고 굳건히 자신의 길을 걸었다.

그가 대통령이 되었을 때 한 노인이 백악관을 찾아왔다. 구두는 해졌고, 옷은 바랬으며 몸은 떨고 있었다. 비서들은 그냥 돌려보내려 했지만, 링컨은 멈춰 세웠다.
"그분을 제 방으로 모셔주세요."

노인은 감격하며 눈물을 흘렸다.
"그저 악수 한번 하고 싶었습니다. 당신은 우리 같은 사람의 희망입니다."

그러자 링컨은 자리에서 일어나 노인의 손을 두 손으로 꼭 잡고 말했다.
"당신 같은 분의 신뢰가 저를 이 자리에 있게 했습니다."

장면은 화려하지도 거창하지도 않다.
하지만 진심이 만들어낸 울림은 어떤 연설보다 강력했다.

링컨은 큰일만을 위해 존재한 사람이 아니었다.
작은 마음의 떨림에도 귀 기울였고
권력이 아니라 사람의 고통에 반응했다.

세상을 바꾸는 건 위대한 정책이 아니라 한 사람의 손을 따뜻하게 잡아주는 작은 행동에서 비롯된다. 우리도 그렇게 누군가의 마음에 조용히 손 내밀 수 있다면 하루는 더할 나위 없이 아름다울 것이다.

처음부터 다시 시작한 길

"때론 앞으로 나가기 위해 한 걸음 물러서야 할 때가 있다."
오스트레일리아 승마선수 테일러 Erica Taylor, 1960 生의 어록이다.

가끔 더 나은 내일을 위해 어제를 접고, 오늘을 다시 펴야 한다. 처음부터 다시 시작하는 용기는 깊은 절망 속에서도 희망을 지닌 사람만이 가질 수 있다.

삶은 때로 아무런 예고 없이 멈춤을 강요한다. 예쁘게 포개 놓았던 계획이 무너지고, 마음속을 가득 채웠던 열정마저 식어갈 때 깊이 생각하게 된다.

"지금, 이 길이 맞는 걸까?"
"처음부터 다시 시작해야 하는 건 아닐까?"

질문 앞에서 어쩌면 지쳤고 두려움에 떨고 있을지도 모른다. 하지만 인생은 꼭 곧지 않아도 된다. 잠깐 돌아가도 괜찮다. 오히려 길을 잃어봐야 진짜 방향을 알게 된다. 돌아선 자리에서야 비로소 보이는 것들도 있다.

처음부터 다시 시작하는 것은 후퇴가 아니다. 그것은 뿌리부터 단단히 내리고 다시 피어나는 꽃과 같고, 얼어붙은 강이 봄바람에 천천히 풀려 흐르는 순간과도 닮았다. 다시 시작한다는 건 더 이상 이전의 나에게 갇혀 있지 않겠다는 선언이다. 포기와 시작은 닮았지만 다르다. 포기는 멈추는 것이지만 시작은 다시 살아보겠다는 용기다. 사람들은 무너진 것을 부끄러워하지만 진짜 부끄러워야 할 것은 무너졌을 때 아무것도 하지 않는 것이다.

새벽은 어둠 끝에서 찾아온다. 마음의 어둠도 마찬가지다.
처음부터 다시 첫걸음을 내딛는 순간
이미 그대는 어둠을 이겨낸 사람이다.
그러니 두렵지 말고, 멈춘 자리에서 다시 펜을 들자.
그대의 얘기는 아직 끝나지 않았다.
아니 어쩌면 지금부터가 진짜 시작일지 모른다.

깊은 상처가 단단한 피부를 만들 듯 처음부터 다시 시작한 길 위에서 당신은 반드시 더 아름다워질 것이다.

가슴에 켜진 불

고대 그리스 사람들은 열정을 '내 안의 신'이라 불렀다. 심장이 두근거릴 때 그건 신이 손을 들어 가리키는 방향이었다.

세상은 말한다.
"조심하라. 생각하라. 머뭇거리라."

하지만 신은 그렇게 말하지 않는다. 다만 불꽃 하나, 조용히 당신 안에 지핀다. 불은 타인을 설득하지 않는다. 당신만을 부른다. 깊은 밤 아무도 모르게 심장의 문을 두드리며 묻는다.
"이 일이 아니면 안 되는가?"
"이 길이 아니면 숨이 막히는가?"

열정은 말없이 자란다. 말보다 먼저 떨리고, 생각보다 먼저 눈이 반짝인다. 그것은 이유가 없다. 다만 그 길로 걸으면 하늘이 조금 더 파랗고, 바람이 조금 더 가볍고, 하루가 조금 더 찬란하다.

그러니 두렵지 말라. 그 불을 따라가라.
남들은 보지 못하는 불빛을
당신은 이미 가슴으로 보고 있지 않은가?

지금 당신이 머무는 자리에서 무언가 뛴다면
그곳에 파란불이 켜진 것이다.

그 불은 신호등이 아니다.
신 神이다.

그리고 신은 당신 안에서 당신을 초대한다.

 ## 조금의 시간이 필요할 뿐

당신에게 어떤 문제가 있든 그건 당신을 꺾을 수 없다. 때론 길이 보이지 않아도, 숨이 턱 막히는 순간이 와도 당신은 문제를 이겨낼 수 있는 사람이다.

당신 안에는 아직 쓰이지 않은 힘이 있고, 한 번도 꺼내본 적 없는 용기가 있다. 상처는 치유되고 길은 만들어지고, 마음은 다시 단단해질 것이다.

당신이 품은 꿈이 아무리 크고 멀어 보여도 꿈은 허상이 아니다. 분명한 가능성이다. 당신이 꿈을 떠올렸다는 것 자체가 이미 첫걸음을 내디뎠다는 뜻이다. 다만 시간이 조금 필요할 뿐이다.

그 시간이 견디기 어려워 조급해질 때도 있겠지만 성장은 언제나 보이지 않는 곳에서 천천히 이뤄진다. 씨앗이 흙 속에서 조용히 싹을 틔우듯 당신의 내면도 묵묵히 자라는 중이다.

그러니 너무 서두르지 마라.
너무 쉽게 자신을 포기하지 마라.
지금, 이 순간도 당신은 앞으로 나가고 있다.

언젠가 모든 시간이 "그때, 참 잘 견뎠어."라는 말로 기억될 것이다. 당신은 문제를 해결할 수 있고 꿈을 이룰 수 있다.

시간이 조금 필요할 뿐이다.

10장 ★ 아무 일도 없는 날의 위로

오늘 하루 아무 일도 없었습니다. 좋은 일도, 나쁜 일도 없이 시간만 조용히 흘러갔습니다. 특별한 성취도 없었고, 눈에 띌 만한 감동도 없었고, 기억에 남을 장면조차 없었던 하루였습니다. 그래서 괜히 "내가 뭘 했지?" "이렇게 살아도 되나?" 하는 마음이 스멀스멀 올라옵니다.

하지만 아무 일도 없었던 날이 사실 가장 귀한 날인지도 모릅니다. 무너지지 않았고, 다치지 않았고, 누구도 잃지 않았다는 것은 평범함 속에 숨은 평안 平安, 조용한 날의 고요한 축복이니까요. 그러니 걱정하지 마세요. 아무 일도 없었던 하루도 충분히 잘 살아낸 겁니다. 자체로 대견한 겁니다. 오늘을 무사히 보낸 당신에게 조용히 박수를 보냅니다.

 ## 어둠이 마음을 지날 때

두려움은 말없이 시작된다. 안개처럼 무언의 발소리로 다가온다. 한밤중 창문 너머 흔들리는 커튼처럼 어디서부터 온 것인지 모를 떨림이 천천히 마음을 적신다. 떨림은 작은 균열로 시작되었지만, 곧 마음 전체에 그늘을 드리운다.

두려움은 고통을 부른다. 두려움은 묻는다.
"만약 그 일이 일어난다면?"

그리고 고통은 대답한다.
"이미 시작되었다."

몸보다 마음이 먼저 끓고, 눈물이 흐르지 않아도 가슴속에 넘친다.

사랑하던 것들로부터 멀어지고 믿었던 것들이 부서지고, 자신조차 낯설어진 채 고통은 마음 깊숙한 곳에 얼음처럼 뿌리를 내린다.

고통은 오래 머무르지 않는다. 그 자리를 분노에 내어준다. 분노는 검은 바람처럼 불어온다. 바람은 무너진 자존을 일으켜 세우려는 몸부림이자 자신을 지키기 위한 마지막 방어다.

분노는 말한다.
"누군가 책임져야 해. 누군가가 나를 이렇게 만들었어."

그 말속엔 상처받은 마음의 절규가 담겨 있다. 하지만 소리는 너무 커 다른 이의 고통은 들리지 않게 된다.

그러다 어느 날 분노는 증오로 굳어진다. 증오는 불이 아니라 얼음이다. 차갑고 단단하며 끝없는 겨울처럼 지속된다. 그 속에선 용서도 이해도 얼어붙는다. 증오는 자신이 아니라 타인을 향하는 것 같지만 사실 자신을 서서히 가라앉히는 독 毒이다. 햇살을 외면하고 손 내미는 자를 물리치며 증오는 마음속에 감옥을 짓는다. 그리고 우리는 그 안에서 자신을 가둔다.

하지만 어둠이 영원한 계절은 없다.
한 줄기 빛은 가끔 뜻밖의 순간에 찾아온다.

누군가의 말 한마디
잊고 있던 노래 한 소절
자신의 숨소리에 귀 기울이는 어느 새벽

작은 빛이 두려움을 다시 들여다보게 한다.

그때 알게 된다.
"두려움은 나약해서가 아니라 소중한 것을 잃을까 봐 생겨난 것이며, 고통은 무너져서가 아니라 사랑했기에 깊었던 것이고, 분노는 더 이상 무너지고 싶지 않다는 마지막 몸짓이며 증오조차도 사실 이해받고 싶은 외로운 외침이었다."

모든 감정은 우리를 인간답게 만든다. 두려워하고 상처받고 화내고 미워하면서도 다시 손을 뻗고 눈을 마주치고 기억 너머 따뜻함을 그리워하는 마음. 그것이 다시 사랑할 수 있는 이유다.

두려움에서 증오까지 걸어온 길 위에
다시 한번 작은 봄이 피어나기를
그리고 당신의 마음에도 봄이 머물기를

아무 일도 없는 날의 위로

 ## 오늘도 나답게 살았구나

하루의 끝 조용히 이불을 덮고 누웠을 때 마음속에서 작은 질문이 속삭인다.
"오늘 잘 살았는가?"

어느 날은 대답이 망설여진다. 시간은 흘렀지만 무엇을 했는지 흐릿하고, 하루는 흘렀지만, 마음은 비어 있다. 몸은 지쳤고 영혼은 채워지지 않았다. 그럴 때 미국 저널리스트 로리머 George Horace Lorimer, 1867 生의 말이 잠든 마음을 일으킨다.
"만족감을 느끼며, 잠자리에 들려면 매일 아침 굳건한 결심으로 자리에서 일어나야 한다."

그 말은 각오를 말하는 것이 아니다. 무언가를 이루겠다는 거창한 다짐도 아니다.

오늘 하루를 헛되이 흘려보내지 않겠다는 단단한 의지다. 창문 너머 어슴푸레한 빛이 스며들 때 이불속 온기를 뿌리치고 한 걸음 내딛는 순간이 하루의 운명을 결정짓는다.

결심은 때론 작고 평범하다. 오늘은 누군가에게 친절해지자. 한 줄이라도 글을 쓰자. 내 마음을 솔직하게 들여다보자. 이런 작은 결심들이 쌓여 잠자리에 들 때 마음 한편이 말한다.
"그래 오늘도 나답게 살았구나."

만족은 결과에서 오는 것이 아니다. 그날 아침에 내가 내린 선택의 진실함, 약속을 지켜낸 하루의 성실함에서 온다. 그러니 오늘 아침에도 눈을 뜨는 순간 조용히 물어보자.
"오늘 무엇을 다짐할 것인가."

그렇게 시작한 하루는 어느 밤엔가 당신 마음을 은은한 따뜻함으로 감싸줄 것이다. 그리고 그때 만족스러운 밤은 의미 있는 아침에서 시작된다는 것을 알게 될 것이다.

 ## 말보다 깊은 침묵

화가 난 순간 말은 칼이 된다. 미국 소설가 비어스 Ambrose Gwinnett Bierce, 1842 生은 말했다.
"화났을 때 입을 열면 최고의 연설을 하겠지만 나중에 분명 후회할 것이다."

말은 씹을수록 아프고, 돌아오지 않는다. 격정에 휩싸여 뱉은 한 문장이 어떤 이의 하루를 무너뜨릴 수 있다는 것을 너무 늦게서야 안다.

감정은 파도다. 밀려오는 격정 激情을 따라 말하면 이성의 땅을 잃는다. 하지만 그 순간 입을 다물 수 있다면 언어라는 칼 대신 침묵이라는 방패를 들게 된다.

침묵은 비겁함이 아니다. 그건 가장 성숙한 절제이고 말보다 깊은 책임이다. 분노의 언저리에서 숨을 고르고 한 걸음 물러서 자신을 돌아보는 것. 그건 용기다. 그러니 다음에 감정이 치밀어 오를 땐 입을 다물고, 마음을 들여다보자. 말은 언제든 할 수 있지만 지혜는 기다릴 줄 안다. 진짜 강한 사람은 말을 아끼는 사람일지 모른다.

오늘 당신의 침묵이 내일의 평화를 만든다.

권태라는 그림자

아무 일도 일어나지 않는데 세상이 지루하고 무거워진다. 눈앞의 모든 것이 회색빛으로 물들고 어떤 말도 가슴을 뛰게 하지 못한다. 그것이 권태다.

이탈리아 사상가 마키아벨리 Niccolò Machiavelli, 1469 生은 말했다.
"세상에서 가장 무서운 것은 가난도 걱정도 병도 아니다. 그것은 생 生에 대한 권태다."

가난은 벗어날 길이 있고 걱정은 나눌 사람이 있으며 병은 치유의 희망이 있다. 하지만 권태는 조용히 스며들어 삶의 모든 빛깔을 앗아간다. 바라보는 눈을 흐리게 하고 듣는 귀를 막고 움직이는 몸을 무겁게 만든다.

권태로운 마음은 평화를 가장한 무관심이고 무관심은 살아 있음의 반대말이다. 오늘을 사는 것 같지만 사실 하루하루 삶의 중심에서 멀어지는 것이다. 하지만 권태 또한 마음의 신호일지 모른다. 무언가 잘못되었다는, 다시 삶을 바라보라는 메시지다.

때론 아무것도 하지 않는 시간을 진심으로 받아들여 보자. 새벽 공기의 서늘함을 느끼고 차 한 잔의 온도를 음미하고 잊고 있던 나의 내면에 손을 내밀어보자.

권태는 그렇게 조금씩 물러난다.

마음이 다시 미세하게 떨리기 시작할 때
그때 다시 살아나는 것이다.

 ## 보이지 않는 길의 노래

길은 침묵으로 시작된다. 이정표 하나 없는 들판, 바람만 스쳐 가는 초입에서 우리는 '갈 수 있을까'보다 '가도 되는 걸까'를 먼저 묻는다. 불안은 속삭이고 두려움은 그림자처럼 따라붙는다.

미국 작가 지글러 Zig Ziglar, 1926 生은 이렇게 말한다.
"당신이 볼 수 있는 지점까지 최선을 다해 나가라. 그곳에 도착하면 당신은 더 멀리 볼 수 있게 된다."

그 말은 어둠 속에서 빛을 품는 별과 같다. 처음엔 희미하지만 걸음을 옮길수록 세상은 자신을 드러낸다.

이것이 '행로 효과 行路 效果'다.

정지해 있을 땐 아무것도 보이지 않던 세계가 움직이는 자에게만 조심스레 문을 열어준다. 출발점에서는 상상조차 못 했던 길들이 어느새 발아래 펼쳐지고 길 위에 나비가 앉고 바람이 흐른다.

산을 오를 때도 마찬가지다. 기슭에선 정상은커녕 길조차 보이지 않는다. 하지만 숨을 몰아쉬며 몇 걸음 오르면 그제야 또 다른 길이, 기다리고 있었음을 알게 된다. 먼 곳은 가까워질수록 뚜렷해지고 믿음은 하나의 길이 되어 인도한다.

길이란 본래 정해진 것이 아니다. 걷는 자의 마음에 따라 생겨나는 것이다. 그러니 묻지 말자. 끝까지 보이냐고 묻는 대신 이렇게 질문해야 한다.
"지금 보이는 것에 최선을 다하는가?"

세상 모든 여정은 그렇게 시작된다. 먼저 걷는 자의 걸음 하나가 세상을 밝힌다. 어쩌면 오늘 내딛는 첫걸음이 내일, 누군가에게 길이 될지도 모른다.

그러니 보이지 않더라도 가라. 어둠조차도 당신을 위한 풍경일 수 있으니. 길은 언제나 걷는 자를 위해 피어난다.

 ## 상상이 꽃이다

위대한 성공은 머릿속에서 시작된다. 눈에 보이지 않는 세계에서 희미한 윤곽을 그리고, 아직 세상에 태어나지 않은 미래를 조용히 심어 올린다. 미국 작가 콜리어 Robert Joseph Collier, 1876 生 은 말했다.

"성공을 거둔 세상의 위대한 이들은 상상력을 활용한다. 그들은 한발 앞서 생각하고 머릿속에 세세한 그림을 그려내 그것을 기초로 꾸준히 성공을 쌓아간다."

세상은 이뤄진 것만을 본다. 하지만 진짜 창조는 보이지 않는 마음속 화폭에서 시작된다. 상상은 씨앗이다. 단단한 흙 속에서 아직 보이지 않는 작은 생명 하나지만 언젠가 바람을 가르고, 태양을 향해 눈부시게 피어오를 존재다.

상상은 다리이다. 닿지 않은 세계로 건너가는 보이지 않는 다리. 그 위를 믿음으로 걸어갈 때 세상은 우리의 발걸음을 따라 길을 내준다.

그러니 마음속에 가장 선명하고 섬세하고 빛나는 그림을 그려라. 그림이 있어야 길이 생긴다. 길이 있어야 걸을 수 있다. 걸어야 세상에 도달할 수 있다. 계획을 시각화하라. 꿈을 구체적인 형태로 만들라. 성공은 무심코 걸어가다 발견하는 보물이 아니다.

성공은 먼저 마음에 터를 잡고, 시간과 노력을 한 줌씩 심어 키워낸 정원이다. 오늘 그릴 수 없는 미래는 내일도 만들 수 없다. 그러니 조용히 머릿속에 꿈의 청사진을 그려라.

벽돌 하나하나, 창문 하나하나, 빛이 닿는 방향까지
그렇게 하나의 세상을 상상하라.

세상이 당신을 기다리고 있다.

습관이 당신이다

사람들은 인생을 극적인 순간과 운명적인 사건들로 기억하려 한다. 하지만 진정한 모습은 화려한 성공이나 가슴 뛰는 결단이 아니라 매일 반복되는 작은 습관 속에 담겨 있다.

고대 그리스 철학자 아리스토텔레스 Aristotle, 384 BCE 生은 말했다. "당신이 반복적으로 하는 행동, 그것이 당신이다. 그러므로 탁월함은 행동이 아니라 습관이다."

한 방울의 물이 돌 위에 떨어져 구멍을 뚫듯 삶에서 이뤄지는 위대한 변화는 순간의 노력만으로 성취되지 않는다. 그것은 반복되는 작은 행동의 축적, 꾸준히 쌓아 올린 습관의 힘이다.

탁월함이란 천부적인 재능이나 행운의 결과가 아니다.

매일 조금씩 단련하고 다듬어가는 인내와 끈기의 결실이다.

새벽의 조용한 시간, 책장을 넘기는 손길
일상의 작은 약속을 지키는 성실함 속에서
내면이 성장하고 삶의 빛이 더해진다.

오늘도 우리는 작은 습관을 쌓아가고 있는가?

아침에 일어나 거울을 보며 미소 짓는 것
하루의 시작을 감사로 맞이하는 것
소중한 사람에게 따뜻한 말을 건네는 것

작고 소박한 반복이 삶을 탁월하고 빛나게 만들어 줄 것이다.

삶의 진정한 아름다움은 반복된 습관 속에서 피어난다. 그러니 오늘부터 시작하자. 작은 행동 하나라도 꾸준히 반복하며 더 나은 나로 성장하자. 우리가 반복하는 모습이 우리를 이루기에

고통은 심심풀이 껌

인생의 역경이 찾아왔을 때 고통을 지나치게 또렷하게 바라본다. 커다란 돋보기로 상처를 들여다보듯 조금의 통증도 몇 배로 부풀려 느끼게 되는 것이다.

삶은 완벽한 날씨만을 약속하지 않는다. 비가 오고 바람이 불고 어느 날은 번개가 내리친다. 하지만 우리가 잊고 사는 것은 모든 폭풍이 결국 지나간다는 사실이다.

고통은 때론 우리를 삼킬 듯 다가온다. 가슴 한가운데를 꽉 움켜쥐고 숨을 쉬는 일조차 버겁게 만든다. 하지만 그 순간에도 선택할 수 있다. 고통을 정면으로 마주하고 그것이 내 삶을 망가뜨릴 것이라 믿을 것인가, 아니면 고통을 내려다보며 말할 것인가?

"네가 뭐라고 나를 무너뜨릴 수 있겠어?"

고통을 이겨내고 싶다면 고통의 무게를 줄여보라. 고통을 심각하게 대하는 순간 그것은 삶 전체를 어둡게 물들인다. 하지만 고통을 과소평가하는 순간 그것은 지나가는 그림자일 뿐이다.

"고통은 심심풀이 껌이다."

한 문장을 마음에 품어보자. 처음엔 허무맹랑하게 들릴지 모른다. 하지만 자꾸 되뇌다 보면 고통이란 존재가 씹다가 질리면, 뱉는 소소한 잡음 정도로 가벼워진다.

"피곤은 갖고 노는 장난감이다."

피곤하다는 이유로 삶을 미루지 마라. 피곤은 말 잘 듣는 애완견처럼 당신이 다루기에 따라 얌전해진다. 조금의 유쾌함과 약간의 무모함만 있다면 피곤조차 당신의 리듬을 따라 움직인다.

우리는 고통을 과장하고 대화하며 자신의 힘을 축소한다. 하지만 고통은 생각보다 작고 우리는 그보다 훨씬 더 크다.

삶은 완전한 평온 속에서 자라지 않는다. 고통은 마음에 주름을 만들고, 주름은 깊이 있는 삶을 낳는다. 그리하여 우리는 단단해지고 아주 조금씩 빛을 향해 나아간다. 그러니 다음번에 고통이 찾아오거든 의자에 다리를 올려놓고 말해보자.

"어이 또 왔어? 오늘은 좀 심심했지?"

그리고 껌을 씹듯 고통을 하나씩 천천히 되새기며 결국 뱉어버려라. 삶은 그렇게 조금씩 너의 편이 되어간다.

아무 일도 없는 날의 위로

 ## 감정의 칼끝

화내는 건 쉽다. 누구나 할 수 있다. 한마디 말 하나의 눈빛 작은 오해에도 불쑥 솟구치는 감정은 불씨를 만난 마른풀처럼 번져간다.

고대 그리스 철학자 아리스토텔레스 Aristotle, 384 BCE 生은 말한다. "올바른 대상에게 올바른 목적과 방식으로 화를 낸다는 건 쉬운 일이 아니다."

그 말은 화라는 감정도 책임 아래 놓여야 한다는 뜻이다. 감정이 끌어내는 대로 퍼붓는 것이 아니라 감정이 어디서 비롯됐는지 누구를 향하고 있는지 무엇을 바꾸고자 하는지 되묻는 태도. 그것이 성숙함이다.

진정한 분노는 폭발이 아니다. 정의를 위한 울림이고 상처를 치유하려는 몸부림이며 사랑이 왜곡되었음을 바로잡고자 하는 기도 祈禱에 가깝다.

화를 낼 줄 아는 사람보다 화를 품을 줄 알고 다스릴 줄 아는 사람. 그 사람이야말로 감정의 칼끝을 지혜와 따뜻함으로 다듬는 사람이다.

그리고 그런 사람이 있는 세상은 조금 더 인간답다.

기다려주지 않는 시간

나무는 바란다. 고요히 조용히 서 있고자 한다. 하지만 바람은 나무의 소망을 알지 못한 채 쉴 새 없이 가지를 흔들고, 잎을 떨군다.

자식은 바란다. 조금 더 다정히 조금 더 정성껏 어버이를 섬기고자 한다. 하지만 세월은 기다림을 허락하지 않는다.

전국 시대 추나라 철학자 맹자 孟子, 372 BCE 生은 말했다.
"나무는 잠잠해지려 하나 바람이 그치지 않고, 자식은 섬기고자 하나 어버이는 기다려주지 않는다."

인생이란 늘 너무 늦게 깨닫고
너무 늦게 달려가고 너무 늦게 손을 내미는 일

'언젠가는'
'조금만 더 시간이 지나면'
'나중에 더 잘할 수 있을 때'

그렇게 나를 달래며 마음을 접는다.
하지만 시간은 아무도 기다려주지 않는다.

봄이 가고, 여름이 오고 다시 겨울이 오는 동안 어버이의 눈가에 깊어진 주름처럼 모든 것은 지나간다. 손을 내밀려 했을 때 잡아야 할 손이 사라지고 마음을 전하려 했을 때 들어야 할 귀가 먹어버린다.

그래서 지금 해야 한다. 지금 사랑해야 한다.
지금 불러야 한다. 지금 안아야 한다.
바람은 멈추지 않을 것이다. 시간은 기다려주지 않을 것이다.
그러니 더는 망설이지 말자.

사랑은 늘 지금, 이 순간에만 피어날 수 있다.

바람이 불어도, 잎이 흔들려도
흔들리는 마음 그대로, 미숙한 손길 그대로
고요히 불러볼 이름이 텅 빈 하늘로 사라지기 전에
우리는 사랑해야 한다.

☾ 에필로그

여전히 당신 곁에, 조용히 책장을 덮는 지금 당신 마음이 조금은 가벼워졌기를 바랍니다. 이 책이 삶을 바꿀 만큼 강한 힘을 가진 건 아니지만, 잠시라도 무너지는 마음이 기댈 수 있는 벽이 되었기를 바랍니다. 위로는 아무 말도 하지 않을 때 더 깊이 전해집니다. 이 책은 그런 마음으로 썼습니다.

말보다 조용한 문장으로, 조언보단 따뜻한 눈빛으로

삶은 언제나 매끄럽지 않습니다. 계획대로 되지 않고, 기대와 현실 사이에서 자주 마음을 다칩니다. 하지만 당신은 여기까지 잘 걸어왔습니다. 충분히 잘한 것입니다.

앞으로도 마음이 구겨지는 날이 있을 겁니다. 눈물이 날 것 같은 순간도, 혼자라고 느껴지는 시간도 찾아올 것입니다. 그럴 때 이 책을 곁에 두었으면 합니다. 다시 펼쳐 읽지 않더라도 침대 머리맡에 놓인 모습만으로도 마음을 기댈 수 있으면 좋겠습니다.

위로는 거창하지 않아도 됩니다.
"괜찮아"라는 한마디가 모든 것을 어루만집니다.

"당신은 충분히 잘 살아내고 있습니다."
"천천히 가도 괜찮고, 잠시 멈춰도 괜찮습니다."

당신의 속도로, 리듬으로
살아가는 모든 날이 무엇보다 소중하니까요.

오늘도, 당신 편입니다.
따뜻한 숨결로 조용히 안아줄게요.
토닥토닥, 괜찮아요.

- 은파랑 -